# 模拟企业经营管理综合实践教程

主　编　郝兴霞

副主编　白　林　　赵淑华　　李海频

　　　　生俊青　　高　盼

参　编　刘　旭　　王　娟　　孙　利

　　　　曹相东　　张　婧　　李晓静

　　　　蔡红光　　许婷婷　　卢吉发

主　审　孔建华

北京理工大学出版社

BEIJING INSTITUTE OF TECHNOLOGY PRESS

## 内 容 简 介

本教材以"模拟公司"为背景，以"创建—发展—转型"的企业生命周期为主线，构建了四篇十个项目二十八个任务，思路创新，实用性强，将创业训练和岗位技能实训有机结合，综合运用角色扮演、任务驱动、案例分享、项目小组、交流互动等方式，进行管理知识的综合运用，训练学生的组建团队、生产运作与管理、市场营销、客户管理、商务谈判、财务管理、企业形象和品牌管理、企业文化建设等管理技能，为实训者模拟创业过程、积累创业经验、培养实训者的创业理念和全局意识、增强就业和创业能力提供一种有效的实训方式，可以有效地解决经济管理类专业学生专业技能的训练问题，使学生实现实训内容与就业的无缝对接，提高学生岗位胜任力。

### 图书在版编目（CIP）数据

模拟企业经营管理综合实践教程／郝兴霞主编.

北京：北京理工大学出版社，2025.7.

ISBN 978-7-5763-5563-5

Ⅰ．F272.3

中国国家版本馆 CIP 数据核字第 2025VW7004 号

---

**责任编辑**：李海燕　　　**文案编辑**：李海燕
**责任校对**：周瑞红　　　**责任印制**：李志强

---

**出版发行** / 北京理工大学出版社有限责任公司
**社　　址** / 北京市丰台区四合庄路 6 号
**邮　　编** / 100070
**电　　话** / (010) 68914026 (教材售后服务热线)
　　　　　　 (010) 63726648 (课件资源服务热线)
**网　　址** / http://www.bitpress.com.cn

---

**版 印 次** / 2025 年 7 月第 1 版第 1 次印刷
**印　　刷** / 河北盛世彩捷印刷有限公司
**开　　本** / 787 mm×1092 mm　1/16
**印　　张** / 11.75
**字　　数** / 261 千字
**定　　价** / 75.00 元

---

在现代经济日益全球化、市场竞争日渐激烈的背景下，企业经营管理的科学性、系统性和创新性显得尤为重要。本教材旨在结合党的二十大精神，以模拟企业经营为载体进行案例分析和实践操作，全面提升读者在理论知识和实际技能上的综合素质，培养应对复杂市场环境的决策能力和管理智慧。

在党的二十大报告中，强调了要增强企业核心竞争力、推动高质量发展，以及加快建设现代化经济体系的重要性。这为我们的教学内容和方法提供了新的指导思想。为了践行这一战略部署，本教材不仅注重理论与实践的结合，更注重培育学生创新意识和战略思维，以符合新时代企业发展的要求。

在编写本教材的过程中，我们深入研究了企业管理的最新理论，倾听了业界专家的宝贵意见，并结合了众多企业的成功案例和典型失败教训。本教材共四篇十个项目二十八个任务，涵盖了团队组建、生产运作与管理、市场营销、客户管理、商务谈判、财务管理、企业形象和品牌管理、企业文化建设及创新与创业等多个领域，旨在为读者提供一个立体化、多层次的学习平台。

每个项目模块都会围绕一个核心的经营管理问题，通过模拟的企业案例来展开讨论，使读者在虚拟的商业环境中尝试解决实际问题。我们鼓励读者主动思考，不断提问，勇于实践，以此培养解决复杂问题的能力。通过模拟经营，读者可以在没有风险的环境中尝试各种决策，从而更加深入地理解经营管理的各项原则和策略。

本教材也十分注重党的二十大精神中提到的创新动力。在介绍每一管理领域的同时，我们都将探讨如何通过技术创新、管理创新、模式创新等多方面的创新来提升企业的核心竞争力。我们相信，创新是企业发展的永恒主题，也是读者必须提升的关键能力。

在实践操作方面，本教材设计了一系列的模拟项目，旨在通过实战演练，让读者在模拟环境中学会运用管理工具和方法，分析数据，解决问题，并在实践中深化对理论的理解和应用。我们鼓励读者在完成每项任务时，都能够秉持高质量发展的理念，注重可持续性和社会责任。

最后，我们要感谢所有参与本教材编写的专家、学者和实践者，正是他们的辛勤工作和无私奉献，才使这本教材得以面世。同时，我们也期待读者的反馈，希望能够不断完善和优化这本教材，使其更加符合读者的需求，更好地服务于教育事业和企业发展。

　　本教材由山东华宇工学院郝兴霞担任主编，山东华宇工学院白林、赵淑华、李海频、生俊青与山东劳动职业技术学院高盼担任副主编，山东华宇工学院刘旭、王娟、孙利、曹相东、张婧、蔡红光、许婷婷、卢吉发和民进德州市委办公室李晓静担任参编。具体分工如下：导入篇以及项目一、项目二由郝兴霞编写，项目三由李海频编写，项目四由生俊青编写，项目五由白林编写，项目六、项目八由赵淑华编写，项目七由高盼编写，项目九由刘旭、王娟、孙利编写，项目十的任务1、任务2由曹相东、张婧、李晓静编写，项目十的任务3由蔡红光许婷婷、卢吉发编写。本书最后由郝兴霞统稿，由山东华宇工学院人事处处长孔建华负责审稿。

　　本教材以"模拟公司"为教学背景，是一次新的尝试和挑战，限于编者学术能力有限，纰漏和不妥之处在所难免，敬请读者不吝赐教。

编　者

# 目 录

# 第一篇　导入篇

**本篇的实训目标**

掌握实训的目的和任务，了解实训的方式与时间安排。

熟悉模拟公司教学环境创建的意义和目的，熟练掌握模拟企业经营管理内容和评价规则。

了解各角色的任务和作用，深刻认知你所担任角色的工作任务。

了解企业与企业的组织架构，体会团队协作的重要性。

企业经营管理是要讲究原则的，只有懂得规则才能游刃有余。因此，要有以下三点认知：一是要认清我们是在经营模拟企业，为经营运行方便将内外部环境简化，故与企业实际情况有一定差别；二是要有竞争意识和观念，要有真实经营企业的态度，工作认真，能创造性、建设性地开展工作，注重团队合作，具有一定的开拓和创新精神，有自己的思路和设想；三是要正确对待自己在企业经营中的角色，清晰界定自己在企业中的责权，要有每个角色都是不可替代的态度，认真完成角色所承担的任务，并保质保量地完成。

为了使本实训取得预期的效果，对实训的目的与任务、实训方式、时间安排和实训要求等内容进行详细阐述。

## 一、实训的目的和任务

本实训的目的和任务如下：

（1）综合运用角色扮演、任务驱动、案例分享、项目小组、交流互动等学习形式进行企业经营管理知识与能力的学习。

（2）训练参训者的组建团队、生产运作与管理、市场营销、客户管理、商务谈判、财务管理、企业形象和品牌管理、企业文化建设等管理技能，全面提高受训者的职业素养和能力。

（3）理解企业战略的重要性，用战略的眼光看待企业的业务与经营状况，保证企业经营与战略保持一致。

（4）体验制造业企业的完整运营管理流程，理解物流、资金流、信息流的协调过程。

（5）体会现金流的重要性，学会资金预算，控制融资成本，提高资金使用效率；通过财务报告、财务分析解读企业经营的全局，学会透过财务看经营。

（6）理解团队合作的重要性，树立全局观念及共赢理念；体会人尽其才的价值体现带来的成就感。

（7）建立基于信息时代的思维方式，培养辩证思维的能力，体会差异化思维的力量，培养创新思维和能力。

（8）积极参与企业实践、参与实际案例分析并及时进行实训总结，以获得真实的能力提升。

## 二、实训内容和时间安排

适用：1~2周的企业经营管理综合实训，本教材以2周为例进行安排，如需要可根据实际情况适度压缩。

本实训主要分为五个阶段。各阶段建议安排如下：

**第一阶段（1天）**

实训动员和内容的介绍，主要进行实训动员，介绍"第一篇导入篇"的主要内容，使学生掌握实训的内容、目的及时间安排规则、企业运行流程。

**第二阶段创建"模拟公司"(1 天)**

(1)模拟公司成立：工作内容为分组成立模拟公司，选择经营业务范围，设计公司结构框架并进行职位角色分配。

(2)公司工商注册：申请营业执照所需准备的资料，了解申请流程，了解税务登记流程及所需资料，完成公司工商注册并完成公司员工招聘工作。

**第三阶段经营"模拟公司"(5 天)**

1. 制订企业经营方案

(1)开展市场调查：制订市场调查计划、设计市场调查问卷、开展调查、撰写调查报告。

(2)编制企业经营方案：制定企业经营决策、编制企业经营计划。

(3)进行产品策划：进行产品开发、形成产品整体概念、设计产品层次、进行产品策划。

2. 制定生产决策和计划

(1)编制生产计划：制定生产决策，按照生产计划编制流程编制生产计划。

(2)开展采购供应管理：编制采购计划，组织采购。

(3)做好仓储管理：仓储入库作业管理和仓库出库作业管理。

3. 制定销售决策与计划

(1)研究消费者购买行为：分析消费者购买行为，了解消费者购买决策过程。

(2)市场定位：进行市场细分与定位。

(3)确定营销策略：制定价格策略、渠道策略、促销策略。

4. 客户管理

(1)吸引客户：潜在客户开发与管理、获取客户信息。

(2)留住客户：识别客户需求、处理客户抱怨。

(3)升级客户：培育客户忠诚度，客户互动有效提升客户关系。

5. 开展商务谈判

(1)做好商务谈判的准备工作：商务谈判前的背景调查，拟订谈判方案。

(2)实施商务谈判：商务谈判的开局，进行商务谈判磋商，商务谈判的成交。

**第四阶段"模拟公司"持续发展(2 天)**

1. 企业形象和品牌管理

(1)企业形象管理：企业产品、员工形象设计、确定广告受众及广告形式、进行广告策划。

(2)企业品牌管理：确定品牌策略、进行商标设计和注册、实施品牌策略。

2. 企业文化理念塑造

(1)企业文化建设说明：企业文化简介、企业文化建设原则。

(2)企业文化建设实际操作：企业文化的建设方法、企业文化建设思路、企业文化建设中的误区。

**第五阶段总结提升阶段(1 天)**

(1)企业业绩总结与分析：经营业绩的总结，经营业绩的分析，编制企业业绩总结报告。

（2）岗位总结：编制《岗位实训实习报告》。

（3）"模拟公司"企业经营结果与评价。

①由 CEO 组织各企业按照经营分析报告的要求撰写报告，并进行模拟企业内部的总结和个人实训总结。

②班级实训总结。由各模拟企业派代表发言，总结模拟企业经营的成败得失，指导教师做必要的点评与指引，允许并鼓励学生个别发言，谈感受和体验。指导教师做实训总结。

以上为参考时间安排，具体时间以指导教师公布的时间为准。

# 第二篇　创建"模拟公司"

**"模拟公司"的组建建议**

（1）可根据专业结构的特点、当地经济活动现状、学生的就业取向等因素来考虑设立若干个不同类型的"模拟公司"。

"模拟公司"可分三类：

生产经营型公司

商业型公司

服务型公司

（2）各"模拟公司"形成产业链、供应链的社会分工，要使各小组成立的"模拟公司"间形成供求关系的关联性公司，从而形成一定的社会化分工。

有以下供应链可供选择：

食品类企业供应链

纺织服装类供应链

物流供应链

电子产品供应链

汽车生产供应链

机电产品供应链

商贸企业供应链

在组建固定性的"模拟公司"时，要按产业关联性强的要求，围绕上述供应链组建"模拟公司"，使组建"模拟公司"之间形成产业关联、上下游关联。

# 项目一　创建模拟公司

## 项目任务

李想毕业后想创业，首先他需要组建一个优秀的创业团队，降低风险和提高创业质量，其次在现有的资本和竞争环境下，确定企业经营领域并撰写创业计划书，在计划书完成的基础上组建企业组织结构，完成模拟公司的组建。

## 项目描述

任务1：组建团队

任务2：确定企业经营范围

任务3：设计公司结构框架

实训目的和要求：

通过团队组建实训项目，使学生熟悉团队组建的全过程，培养学生分析与解决问题及团队合作的能力；要求每一组团队的人数控制在5~7人，并选择其中1人为团队队长（团队队长为"模拟公司"创建后的总经理或董事长），组建团队后确定企业经营范围并提交完成创业计划书，最后确定企业的组织结构。

## 任务1　组建团队

### 情境导入

李想毕业后想创业，他需要组建一支优秀的创业团队，建立一支优秀的创业团队对于任何一个创业者来说都是至关重要的工作，它决定着创业的成败。优秀团队的标准是高度的责任感、成功的行业经验和合作心态。那么，如何才能打造一个优秀的创业团队呢？

### 任务描述

创建一个5~7人的创业团队，并选择其中1人为团队队长（团队队长为"模拟公司"创建后的总经理或董事长）。

### 🖥 任务分析

现代企业从一开始就要走规范化管理道路，因此，创业者在注册公司前就应该组建好团队。李想要组建一支优秀的团队，就要解决 2 个问题，问题一：什么是创业团队？问题二：如何组建创业团队？

### 📘 任务实施

#### Step1：了解创业团队

创业团队是为进行创业而形成的集体。它使各成员（包括创业搭档团队成员）联合起来，在行为上形成彼此影响的交互作用、在心理上意识到其他成员的存在及彼此相互归属的感受和工作精神。一般而言，创业团队由四大要素组成：

（1）目标。目标是将人们的努力凝聚起来的重要因素，从本质上来说创业团队的根本目标都在于创造新价值。

（2）人员。任何计划的实施最终还是要分解到团队中的每个成员。团队成员所拥有的知识和能力对创业团队的贡献程度决定了企业在市场中的命运。

（3）团队成员的角色分配。即明确个人在新创企业中担任的职务和承担的责任。

（4）创业计划。即制订成员在不同阶段分别要做哪些工作以及如何执行的计划。

一个优秀的创业团队对公司的成功至关重要，而初创企业的发展潜力与其管理层的素质之间也有着密切的联系。喜欢单打独斗的创业者可以谋生，而团队合作的创业者则可以建立一个创造巨大价值并有盈利潜力的企业。团队的凝聚力、合作精神和对长期目标的承诺可以帮助初创企业渡过难关，加速发展。此外，团队成员之间的互补和协调，以及与创业者之间的互补和平衡，在降低管理风险和改善新企业治理方面也能发挥作用。

#### Step2：组建创业团队

##### 一、组建创业团队的基本原则

###### 1. 伙伴关系原则

创业团队要招"合伙人"，因为合伙人做的是事业，人只有把工作当成事业，这才有成功的机会，企业只有把员工当成"合伙人"，才有快速成长的机会。

###### 2. 互补原则

只有当团队成员相互间在知识、技能、经验等方面实现互补时，才有可能通过相互协作发挥出"1+1>2"的协同效应。好的创业团队，成员间的能力通常都能形成良好的互补，能力互补也会有助于强化团队成员间彼此的合作。

###### 3. 精简高效原则

为了在初创期最大限度地降低运营成本，最大限度地分享成果，初创团队应尽可能精简，同时确保企业的高效运营。

###### 4. 动态开放原则

创业过程充满了不确定性，团队可能因为能力、观念等不同原因而存在，不断有人离开，同时也有人想加入。因此，在创建创业团队时，应注意使团队充满活力和开放性，使真正匹配的人员能被吸纳到创业团队中来。

## 二、组建创业团队的主要工作

创业团队的组建是一个相当复杂的过程，不同类型的创业项目所需的团队不一样，组建步骤也不完全相同。概括来讲，大致的组建程序如图1-1所示。

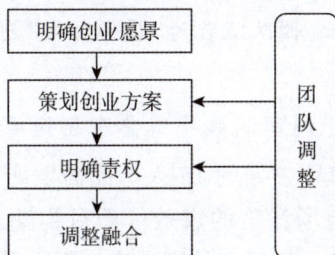

图1-1　组建创业团队程序

### 1. 明确创业愿景

创业团队的首要任务是确立一个清晰的愿景，即通过技术创新、市场拓展、战略规划、组织建设和管理优化等全方位工作，推动企业的诞生与成长，直至达到成熟稳定的状态。在确立总体愿景后，为确保其逐步实现，团队需进一步将愿景细化，制定一系列具体可行、分阶段的子目标。

### 2. 策划创业方案

在明确阶段性及总目标后，制订详尽的创业计划至关重要。该计划围绕团队整体，详细规划各阶段任务，确保通过稳步实现这些阶段性目标，最终实现整体的创业愿景。

### 3. 明确责权

为确保创业计划的顺利执行和各项工作的有效开展，创业团队需预先明确内部职权划分。这包括根据创业计划的具体需求，为每个团队成员精准分配职责，并赋予相应的权限。在划分职权时，务必确保职责明确、权限清晰，避免重叠和疏漏。同时，鉴于创业环境的动态性和复杂性，以及团队成员可能的变动，职权划分应灵活调整，以适应不断变化的挑战和需求。

### 4. 调整融合

优秀的创业团队并非一蹴而就，而是随着企业的发展逐步形成的。在团队运作过程中，人员匹配、制度设计和职权划分等潜在问题会逐渐浮现。因此，团队的融合与调整是一个持续不断的动态过程。在此过程中，促进团队成员间的有效沟通与协调、强化团队精神并提升团队士气至关重要，以确保团队的顺利运作和持续发展。

在当今这个团队协作至上的时代，创业者需倾注心血于团队建设，以实现同舟共济的愿景。企业的所有管理活动皆围绕其核心目标展开，而这一宏伟目标，非单凭一己之力可达，它需要众多团队成员的集体努力与智慧结晶。尽管企业已经制定了清晰的目标蓝图，但每个成员对目标的解读、技术掌握的深浅以及面对客观环境的认知均有所不同。加之他们在知识背景、能力水平和信念体系上的差异，自然会在实践中展现出不同的风貌。因此，当团队在思想层面产生分歧时，行动上也难免会出现偏差。为此，创业者必须深谙团队建设的艺术，引导每位成员树立同舟共济的坚定信念，方能携手共进，共筑梦想之巅。

## 任务训练

创建一个5~7人的创业团队。

**任务要求：**

1. 选择其中1人为团队队长（团队队长为"模拟公司"创建后的总经理或董事长）。
2. 确定团队创业目标。

### 【案例1】团队领导需要有宽阔的胸怀

在快速崛起的科技公司，李明领导的15人产品研发团队专注于开发一款智能家居系统，这对公司意义重大，关乎市场竞争的成败。项目初期，团队内部因技术路线产生分歧，资深工程师坚持传统方案，而年轻成员则提出创新但风险较高的策略。

李明并未直接干预，而是认识到团队领导需有包容之心。他组织会议，鼓励团队成员畅所欲言，倾听每个人的观点，并给予尊重和理解。他运用专业知识对各方意见进行客观评估，并表达了对项目的期望和目标。

会议后，团队氛围明显改善，成员们开始积极合作，共同寻找最佳方案。李明持续展现宽容与耐心，为团队提供支持和鼓励。最终，团队成功研发产品，并获得市场认可，不仅为公司带来巨大收益，也增强了团队凝聚力。

此案例凸显了团队领导宽阔胸怀的重要性，能够容纳不同声音，通过沟通合作解决问题，推动团队向前发展。

创业即一个企业从萌芽到成长壮大的历程，既是对创业者坚韧意志的磨砺，更是对其博大胸怀的检验。在这个过程中，创业者需要能够倾听并审慎考虑来自不同声音的建议，同时也要以开放的心态接受并正确理解下属的质疑和顶撞。因为，一个企业的成功并非仅仅依赖那些顺从者，而更需要汇聚那些具备独特才能和创新思维的个体。只有如此，企业才能在激烈的市场竞争中脱颖而出，实现长期的利润增长与持续发展。

### 【案例2】确定清晰的创业目标

陈磊，一位热衷于环保事业的年轻人，在观察到当前社会对于环保产品的需求日益增长后，决定踏上创业之路。他坚信，通过创新和技术，可以为环保事业贡献自己的一份力量。

在创业初期，陈磊面临的首要挑战是如何确定一个清晰、具体的创业目标。他明白，一个明确的目标不仅能够指引他前进的方向，还能帮助他集中资源，提高创业效率。

为了确定目标，陈磊首先进行了市场调研。他深入了解了当前环保产品的市场状况、消费者需求以及竞争对手的情况。通过调研，他发现市场上虽然有一些环保产品，但大多存在价格高昂、使用不便等问题，这给了陈磊一个明确的切入点。

接着，陈磊结合自己的专业知识和技能，确定了创业目标：开发一款价格亲民、操作简便且高效节能的环保家居产品。他希望通过这款产品，让更多的人能够轻松实现环保生活，同时也为公司的长期发展奠定坚实的基础。

有了明确的目标后，陈磊开始着手组建团队、筹集资金、研发产品。在团队的共同努力下，他们成功开发出了符合市场需求的环保家居产品，并获得了良好的市场反响。这款产品不仅解决了消费者对于环保产品的需求痛点，还为公司带来了可观的利润。

通过这个案例，我们可以看到确定清晰的创业目标对于创业者来说至关重要。一个明确的目标能够帮助创业者找到正确的方向，避免在创业过程中迷失方向、浪费资源。同时，一个清晰的目标还能够激发团队成员的积极性和创造力，共同为实现目标而努力。

### 【案例3】制定有效的激励机制

在繁华的上海，有一家名为"智慧绿洲"的初创科技公司，专注于开发智能农业管理系统，帮助农户提高产量和效率。公司由一群富有激情和才华的年轻人组成，但随着项目的推进和市场竞争的加剧，团队成员的工作压力和疲劳感逐渐增加。为了激发团队成员的积极性和创造力，公司的创始人李华意识到需要制定一套有效的激励机制。他深知，一个高效的团队不仅需要优秀的成员，更需要一套能够激发成员潜力的激励机制。

在制定激励机制前，李华与团队成员进行了深入的沟通和交流，了解了他们的需求、期望和关注点。他发现，团队成员普遍关注个人成长、工作成就感和福利待遇等方面。基于这些了解，李华制定了一套多维度的激励机制：

(1)个人成长与职业发展：为团队成员提供持续的职业培训和技能提升机会，帮助他们不断提升自身能力。同时，建立明确的晋升通道和职业规划，让成员看到自己在公司中的发展前景。

(2)工作成就感：设立项目奖励和优秀员工表彰制度，对在项目中表现突出的成员给予物质和精神上的双重奖励。此外，鼓励团队成员参与决策和项目管理，让他们感受到自己的工作对公司的重要性。

(3)福利待遇：提供具有竞争力的薪资待遇和完善的福利体系，包括五险一金、带薪年假、节日福利等。同时，关注团队成员的身心健康，定期组织团队活动和健康检查。

这套激励机制实施后，取得了显著的效果。团队成员的工作积极性和创造力得到了极大的提升，项目进展也更加顺利。团队成员普遍表示，他们感受到了公司对他们的关心和重视，更加愿意为公司的发展贡献自己的力量。

通过这个案例，我们可以看到制定有效的激励机制对于创业团队的重要性。一个有效的激励机制能够激发团队成员的潜力和创造力，提高团队整体的工作效率和质量。因此，在创业过程中，创业者应该重视激励机制的制定和实施，为团队的成功打下坚实的基础。

### 知识加油站

#### 当前大学生常见的创业方式

大学生在创业时通常会选择以下几种方式：

(1)互联网创业：利用互联网平台和技术进行创业，如电子商务、网络营销、移动应用开发等。

(2)创意产业：从事设计、艺术、广告、文化传媒等创意领域的创业，如平面设计、影视制作、文案策划等。

(3)教育培训：提供各类教育培训服务，如家教辅导、考试辅导、技能培训等。

（4）社区服务：通过社区服务满足人们的生活需求，如社区活动组织、社区服务平台等。

（5）健康与生活方式：提供健康管理、健身指导、健康饮食等服务，满足人们对健康生活的需求。

（6）独立媒体：创办博客、自媒体平台，从事新闻报道、评论分析、内容创作等。

（7）社交媒体营销：利用社交媒体平台进行产品推广、品牌营销等。

（8）环保与可持续发展：从事环保产业、绿色能源、可持续发展项目等创业。

（9）共享经济：开展共享经济平台，如共享单车、共享办公空间等。

（10）文化创意产品：设计、制作文化创意产品，如手工艺品、文创衍生品等。

这些创业方式涵盖了不同领域和行业，大学生可以根据自己的兴趣、专业背景和市场需求选择适合自己的创业方向。

# 任务 2　确定企业经营范围

## 情境导入

李想组建了一个优秀的创业团队，团队需要讨论确定公司经营范围。李想毕业后想创业，他组建了一支优秀的创业团队并被推选为领导者，在现有的资本和竞争环境下，急需确定企业经营领域并撰写创业计划书。

## 任务描述

各"模拟公司"讨论确定各自企业的经营范围并提交创业计划书。

## 任务分析

经营范围是指国家允许企业法人生产和经营的商品类别、品种及服务项目，反映企业法人业务活动的内容和生产经营方向，是企业法人业务活动范围的法律界限，简单来说，经营范围是指企业可以从事的生产经营与服务项目，讨论确定各自的经营范围首先要识别创业机会，其次进行创业项目的选择；最后对创业项目进行评估并撰写创业计划书。

## 任务实施

### Step1：识别创业机会

创业机会是具有商业价值的创意，表现为特定的组合关系。一个好的商业想法未必是一个好的商业机会，还需要经过商机评估来最后确定是否值得经营。

创业机会识别是创业领域的关键问题之一。从创业过程角度来说，它是创业的起点。创业过程就是围绕着机会进行识别、开发、利用的过程。识别正确的创业机会是创业者应当具备的重要技能。

【案例4】机会有限，创意无限

## 一、创业机会认知

创业机会来自一定的市场需求和变化。Timmons 说："创业过程的核心是创业机会问题，创业过程是由创业机会驱动的。"

### (一)创业机会的类型

通常，创业机会可以划分为五种类型，学习这些分类能为创业者在投资决策时提供关键性的参考，有助于他们准确辨别风险与机会。

技术驱动型创业机会：技术驱动型创业机会通常源于新技术的发明、创新或现有技术的改进。这些机会为创业者提供了通过开发新产品、服务或解决方案来满足市场需求的可能性。

电动汽车制造商(如特斯拉)：随着电池技术的进步和消费者对环保的日益关注，电动汽车市场迅速发展，为创业者提供了巨大的机会。

人工智能助手(如 Siri、Alexa)：利用人工智能技术，开发出能够与用户进行自然语言交互的助手，为人们的生活带来便利。

市场空白型创业机会：市场空白型创业机会指的是尚未被现有企业满足的市场需求。这些机会通常源于消费者对新产品、服务或体验的需求，或者是现有产品或服务的改进空间。

宠物健康保险：随着宠物市场的不断扩大，宠物保险市场也呈现出巨大的潜力。创业者可以开发针对宠物健康问题的保险产品，满足市场需求。

定制化旅游服务：针对传统旅游市场的同质化问题，创业者可以提供定制化的旅游服务，根据客户的需求和兴趣制定独特的旅游行程。

资源驱动型创业机会：资源驱动型创业机会通常源于创业者所掌握的特殊资源或优势。这些资源可能包括自然资源、人力资源、技术资源或品牌资源等。

农产品电商：拥有丰富农产品资源的地区，创业者可以开发农产品电商平台，将当地的特色农产品销售到全国乃至全球。

设计师品牌：设计师可以利用自己的设计才华和品牌影响力，开设自己的品牌店或在线商店，销售自己的设计作品。

政策导向型创业机会：政策导向型创业机会通常源于政府的政策扶持和优惠措施。这些政策旨在鼓励创新、促进就业和推动经济发展。

新能源汽车补贴：政府为了鼓励新能源汽车的发展，会给予购车补贴和税收优惠。创业者可以开发新能源汽车相关产品，如充电桩、电池回收等，利用政策红利拓展市场。

创业园区入驻：政府为了支持创业，会设立创业园区并提供租金减免、税收优惠等扶持政策。创业者可以入驻创业园区，享受政策扶持并与其他创业者交流合作。

## 二、创业机会识别过程

创业机会识别是创业领域的关键问题。识别创业机会是思考和探索的互相反复并将创意/创新进行转变，是一个不断调整、反复、均衡的过程，一般包括机会搜寻、机会筛选、机会评价等阶段，如图1-2所示。

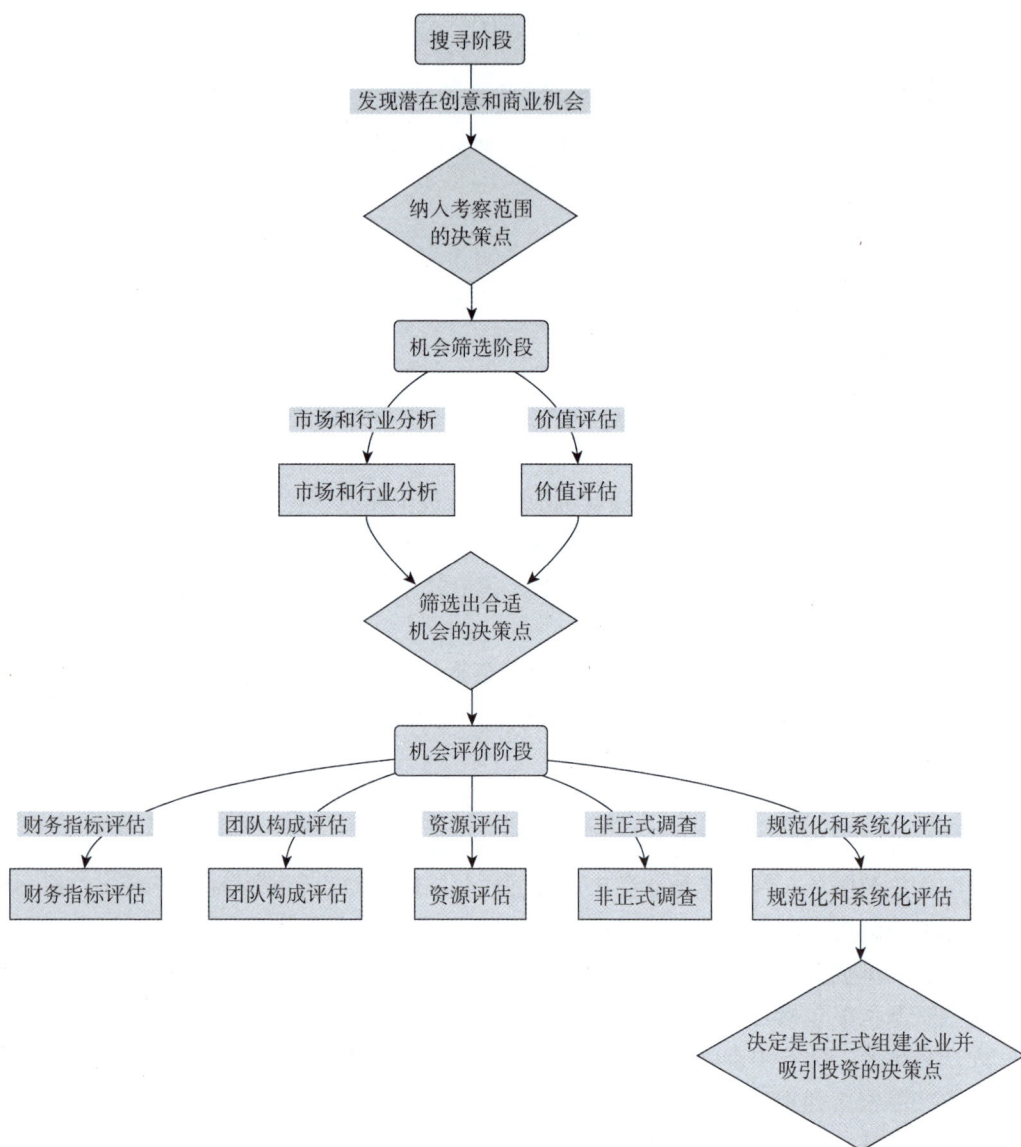

图1-2 创业机会识别架构图

## (一)搜寻阶段

在创业过程中，搜寻阶段占据着基础且关键的地位。在这一阶段，创业者需要广泛搜索整个经济系统，以发现潜在的创意和商业机会。一旦创业者发现某个创意具有潜在的商业价值和发展潜力，便会将其纳入考察范围，并继续进入下一阶段的机会识别过程。

## (二)机会筛选阶段

机会筛选阶段是创业过程中的一个重要环节，它要求创业者从众多创意中筛选出具有实际价值的机会。在这一阶段，创业者需要基于对整个市场环境和行业趋势的深入分析，评估该机会是否具备广泛的商业价值。同时，创业者还需要考虑这一机会是否对特定的创业者和投资者具有吸引力，即是否具备实际的价值。

### (三)机会评价阶段

机会评价阶段是创业者对潜在商业机会进行深入评估的过程。在这一阶段，创业者将详细考察各项财务指标和创业团队构成等因素，以判断该机会是否值得进一步投入和开发。在评价的初期，创业者可以采用非正式的方式，如市场调查和初步资源评估，来初步判断机会的可行性。随着评价的深入，创业者将采用更加规范和系统化的方法，主要聚焦于评估这些资源的组合能否创造出足够的商业价值，以决定是否正式组建企业并吸引投资。

## Step2：选择创业项目

#### 【案例6】选择创业项目导致创业失败

(一)背景

王强是一名有十年销售经验的职业经理人，曾在多家大公司担任销售总监。一直以来，他都有一个创业的梦想，希望通过自己的努力创造一番事业。在家人和朋友的鼓励下，王强决定辞去工作，全身心投入创业。

经过一段时间的市场调研和思考，王强选择了一个他认为前景广阔的创业项目：虚拟现实(VR)健身房。他的想法是结合虚拟现实技术，打造一个全新的健身体验，让用户在家中就能享受到沉浸式的健身课程。

(二)项目启动

王强认为虚拟现实是未来的发展方向，而健身市场需求也在不断增长。于是，他投入了全部积蓄，并从朋友那里借了一部分资金，开始了创业之路。

(1)市场调研：王强进行了初步的市场调研，发现有不少人对新型的健身方式感兴趣，尤其是年轻的白领和科技爱好者。

(2)技术开发：通过招聘技术团队，王强开始开发VR健身软件，并购买了一批VR设备进行测试。

(3)场地选择：为了展示他的新型健身方式，王强租下了一个大型的场地，装修成了一个现代化的VR健身房。

(4)营销推广：通过社交媒体、线上广告和线下活动，王强努力推广他的VR健身房，希望能够吸引到足够多的用户。

(三)问题与挑战

然而，随着项目的推进，王强逐渐发现了许多问题，这些问题最终导致了他的创业失败。

(1)技术问题：VR设备和软件的技术难度超出了王强的预期，开发周期延长，成本也不断增加。用户在使用过程中常出现眩晕和不适，体验感不佳。

(2)市场接受度：虽然有一部分人对VR健身感兴趣，但大多数普通用户对这种新型健身方式并不接受，认为传统健身方式更加可靠和实用。

(3)高昂的成本：VR设备和场地租金成本高昂，但用户数量不足以覆盖这些成本。即使进行了大量的营销推广，用户增长依然缓慢。

(4)竞争压力：市场上出现了多家竞争对手，他们提供了更加成熟和可靠的健身解决方案，进一步分流了王强的潜在用户。

（四）失败的教训

最终，由于资金链断裂和用户流失，王强不得不关闭他的 VR 健身房，宣告创业失败。在总结失败的原因时，王强认识到了以下几点教训：

（1）高估市场需求：王强过于乐观地估计了市场对 VR 健身的接受度，没有充分考虑到大众对新技术的适应性和接受度。

（2）忽视技术风险：作为销售背景出身的他，对技术开发的难度和成本控制缺乏足够的认识，导致项目预算超支。

（3）竞争分析不足：没有充分分析市场竞争环境和竞争对手的优势，低估了进入市场的难度。

（4）资金管理不善：在项目初期投入过多资金用于场地和设备，没有留出足够的资金应对后续的运营挑战。

（五）反思与重启

虽然第一次创业失败，但王强并没有放弃。他决定在总结经验教训后，重新审视自己的创业方向和方式。这次，他选择了一个自己更加熟悉的领域——线上的健身课程平台，并且更加注重市场调研和用户反馈，谨慎地控制成本，希望能够在未来取得成功。

## 三、创业项目选择的方法

大众创新，万众创业。国家一直都在鼓励创新创业，但是很多人在选择创业项目的时候会有些漫无目的或不知所措，不知道该如何抉择。创业的方法千奇百怪，多种多样，在你决定了自主创业而去选择创业项目的时候，需要细心更需要慎重。这不仅仅是因为创业项目的选择会直接关系到创业的成败，更是因为选择创业项目是一个人迈进创业流中的第一步。

在资源优势有限、市场运营能力薄弱、资金实力不足等诸多困难的情况下，准备创业的大学生往往面对深不可测的创业市场和繁多的创业项目感到无从下手，不知该如何选择。为了帮助大学生在众多可供选择的创业项目中，找到符合自身特征、具备市场发展潜力且具有较高进入壁垒的"黄金项目"，以下方法可供参考。

### （一）关注变化，从趋势中挖掘创业项目

外部环境的变化蕴藏着丰富的机会，为新企业的诞生创造了条件。这些变化可能带来产业结构整合、消费升级、政策调整，甚至思想观念的转变。面对易变、不确定、复杂和模糊的外部环境，创业者只有明确这些趋势对创业项目的影响，才能真正把握商机，取得成功。

### （二）从需要解决的日常生活问题中挖掘创业项目

在日常生活中，用户经常遇到一些亟待解决的困扰与不满，这些被称为"痛点"。例如，许多用户在使用智能手机时，经常抱怨电池续航能力不足，这就是一个典型的"痛点"。对于创业者来说，研发出高效能、长续航的电池技术，便是一个绝佳的创业项目，能够满足广大用户的实际需求。

随着人们生活节奏的加快，越来越多的人开始关注健康饮食。然而，市场上的健康食品种类繁多，质量参差不齐，让消费者在选择时感到困惑和不安。这也是一个"痛点"，创业者可以通过研发高品质、健康营养的食品，提供清晰明确的食品标签和营养信息，来解

决这一问题，从而赢得消费者的信任和支持。

除了"痛点"，还有"痒点"。它代表消费者的潜在需求与欲望，能够激发消费者的购买兴趣。例如，在时尚界，每年都会涌现出各种流行的服装、饰品和化妆品。这些产品往往能够抓住消费者的"痒点"，让他们在看到或听说后产生强烈的购买欲望。创业者可以通过敏锐地捕捉时尚趋势，研发出符合消费者审美和需求的时尚产品，从而赢得市场份额。

综上所述，无论是"痛点"还是"痒点"，都是创业者发现商机、开展创业项目的重要途径。通过深入了解市场需求和消费者心理，创业者可以研发出符合市场需求的产品，满足消费者的实际需求和潜在欲望，从而实现创业成功。

### （三）对现有产品深度挖掘、改进

对现有产品进行深入挖掘和改进，是创业的一个重要途径。比如，市场上已有的智能手机，虽然功能丰富，但电池续航和摄像效果可能仍有提升空间。针对这些"痛点"，创业者可以研发新型电池技术或优化摄像系统，使产品更加完善。

此外，将不同产品进行创新性结合，也能产生新的创业项目。例如，结合智能健康手环和移动支付技术，可以创造出能够实时监测健康数据并支持便捷支付的新产品。

对于资源和能力有限的大学生创业者来说，选择连锁加盟的方式能够快速获得品牌、技术和营销渠道的支持，从而快速实现自主创业。例如，加盟知名的咖啡店品牌，不仅能利用品牌的知名度和影响力，还能获得总部在原料采购、运营管理、市场推广等方面的全方位支持。这样，大学生创业者可以在较低的起点上，快速进入市场并取得成功。

创业团队根据所学到的创业项目选择的方法，团队进行创业项目的选择讨论，并将讨论结果写在下面区域。

### Step3：创业项目评估

不论是创业，还是投资项目，都会碰到需要对创业项目进行评估的情况，一个创业项目可以从以下几个方面进行评估：

#### 一、市场定位

创业成功的关键在于找到一个好的机会，这个机会需要有明确的市场定位，能够精准满足顾客需求，并为创业者带来实际价值。评估这样的机会时，可以从以下几个方面考虑：

#### （一）市场定位

成功的创业项目通常有一个清晰的市场定位。比如，某款智能手表不仅定位为健康监测工具，还融入了社交元素，满足了用户对于健康管理和社交互动的双重需求。

### (二)顾客需求分析

深入了解顾客需求是创业成功的关键。例如，一个在线学习平台通过调研发现家长和学生对于个性化学习方案的需求日益增加，于是推出了定制化学习计划服务，大受欢迎。

### (三)顾客接触通道

确保顾客能够方便地接触和使用产品或服务同样重要。比如，一家新型餐厅不仅提供美食，还通过线上订餐、外卖服务等多元化的接触通道，为顾客提供了极大的便利。

### (四)产品衍生与持续创新

好的创业机会需要能够持续衍生新的产品或服务。以一家科技初创公司为例，他们最初推出了一款智能家居设备，随后又基于用户的反馈和需求，陆续推出了与之配套的APP、智能传感器等衍生产品，不断巩固市场地位。

综上所述，一个创业机会能够带来的顾客价值越高，其成功的可能性就越大。通过精准的市场定位、深入的顾客需求分析、顺畅的顾客接触通道以及持续的产品衍生和创新，创业者可以大大提高创业成功的概率。

创业团队进行创业项目市场定位的选择讨论，并将讨论结果写在下面区域。

## 二、市场结构

创业机会的市场结构分析至关重要，市场结构分析可以得知新企业未来在市场中的地位，以及可能遭遇竞争对手反击的程度。它涉及五个关键方面：

### (一)进入障碍

新企业进入市场时面临的困难。例如，某些行业需要高额的初始投资或特定的技术专利，这构成了进入障碍。比如，电动汽车行业，由于技术门槛高和资金需求大，新进入者需要克服显著的进入障碍。

### (二)供货商力量

供应商在价格、质量、交货时间等方面对新企业的影响力。如果供应商数量有限或产品独特，他们可能拥有更大的谈判力量。例如，某些高端智能手机制造商依赖特定的芯片供应商，这些供应商在谈判中往往占据主导地位。

### (三)顾客力量

顾客对价格、质量、服务等方面的要求以及他们的购买能力。如果顾客需求多样且购买力强，他们可能拥有更大的谈判力量。例如，在时尚零售行业，顾客对款式、品质和价格都有较高要求，因此他们的谈判力量较强。

### (四)经销商谈判力量

经销商在销售渠道、市场推广等方面的作用以及他们的谈判能力。在某些行业，经销商拥有强大的销售渠道和品牌推广能力，对新企业的影响不容忽视。比如，一些品牌在进入新市场时，会选择与当地有实力的经销商合作，以快速打开市场。

### (五)替代性竞争产品与内部竞争

市场上同类产品或服务的数量以及它们之间的竞争激烈程度。如果市场上存在大量替代品或竞争对手众多，新企业将面临较大的市场压力。例如，在餐饮行业，同类型的餐厅数量众多，消费者有很多选择，因此新餐厅需要不断创新以吸引顾客。

通过这五个方面的分析，创业者可以了解新企业在市场中的潜在地位以及可能面临的竞争挑战。这将有助于创业者在制订商业计划和策略时做出更明智的决策。

创业团队针对创业机会的市场结构进行5项讨论分析，并将讨论结果写在下面区域。

### 三、市场规模

市场规模大小与成长速度，也是影响新企业成败的重要因素。一般而言，评估创业项目时，市场规模和成长速度至关重要。大市场规模降低进入难度，但成熟市场利润有限；成长中的市场则充满商机，正确进入即有获利可能。

### (一)成熟市场

比如智能手机市场，虽然整体市场规模巨大，但由于市场竞争激烈，加上技术发展趋于成熟，利润空间已逐渐缩小。对于新企业来说，除非有独特的创新点或强大的品牌支持，否则进入这个市场可能难以获得显著的利润。

### (二)成长中市场

电动汽车市场就是一个典型的例子。随着环保意识的提高和政府对新能源汽车的政策支持，电动汽车市场正在迅速成长。对于新企业来说，如果能够抓住这一机遇，开发具有竞争力的电动汽车产品，就有可能在这个市场中获得较大的成功和利润。

创业团队对于创业项目的市场规模进行讨论分析，并将讨论结果写在下面区域。

### 四、市场渗透力

对于一个具有巨大市场潜力的创业机会，市场渗透力对创业成功至关重要。聪明的创业者会选择在市场需求即将大幅增长时机进入市场，以便迅速占领市场。

#### （一）短视频平台

在移动互联网快速发展的背景下，短视频平台成为一个具有巨大市场潜力的创业机会。一个聪明的创业者会选择在短视频行业刚刚兴起，但市场需求即将大幅增长的时候进入市场。例如，当短视频的观看时长和用户数量呈现快速增长趋势时，及时推出具有创新功能和优质内容的短视频平台，将能够迅速吸引用户并占据市场份额。

#### （二）健康饮食行业

随着人们健康意识的提高，健康饮食行业逐渐成了一个热门的创业领域。一个具有市场渗透力的创业者会关注健康饮食行业的市场趋势，选择在健康饮食需求快速增长的时机进入市场。例如，当越来越多的人开始关注低糖、低脂、高蛋白等健康饮食需求时，及时推出符合这些需求的健康食品或餐饮品牌，将能够快速获得市场份额并赢得消费者的青睐。

通过这两个例子可以看出，选择正确的时机进入市场，并具备强大的市场渗透力，是创业成功的关键因素之一。

### 五、市场占有率

市场占有率是评估新创公司市场竞争力的重要指标。通常，市场领导者至少占据20%以上的份额，这显示出强大的竞争力。然而，若市场占有率低于5%，新企业在市场中的竞争地位较弱，可能影响其上市后的价值。尤其在赢家通吃的高科技产业中，新创企业需努力跻身市场前列，才更具投资价值。例如：新兴的智能手表品牌，由于市场份额不足5%，在市场竞争中处于弱势地位，难以与苹果、华为等大公司抗衡，这直接影响了其品牌知名度和市场价值。例如在电动汽车领域，特斯拉凭借其领先的技术和市场策略，占据了市场主导地位，而其他一些新兴品牌由于市场份额有限，难以获得足够的投资和资源来支持其持续发展。因此，在高科技产业中，新创公司需要努力提升市场占有率，才能确保自身的生存和发展。

### 六、产品的成本结构

产品的成本结构对于预测新企业前景是否亮丽起着关键作用。具体而言，通过分析物料与人工成本占比、变动成本与固定成本的比重，以及经济规模产量的大小，我们能够洞察企业创造附加价值的潜力和未来获利的可能性。

举例来说，若一家新企业的物料成本占比极低，表明其可能拥有高效的供应链管理或独特的采购渠道，从而能够降低成本，提高利润空间。而人工成本占比较高的企业，如果员工生产效率高且创新能力强，同样能在市场上创造更多的附加价值。

另一方面，变动成本与固定成本的比重也至关重要。变动成本是随产量变化而变化的成本，如原材料和直接人工等；固定成本则是与产量无直接关系的成本，如租金和设备折旧等。若一家新企业的变动成本占比较低，而固定成本得到有效控制，那么随着产量的增加，单位产品的成本将逐渐降低，从而为企业创造更大的盈利空间。

此外，经济规模产量也是衡量成本结构的重要指标。当企业达到一定的生产规模时，可以实现规模效应，降低单位产品的成本。例如，一家新能源汽车制造商在达到一定的生产规模后，其采购成本、研发成本和生产成本都会显著降低，从而提高产品的竞争力和企业的盈利能力。

综上所述，通过分析产品的成本结构，我们可以对新企业的前景作出更为准确的判断。只有那些能够合理控制成本、提高生产效率并创造更多附加价值的企业，才能够在激烈的市场竞争中脱颖而出，实现长期稳健的发展。

创业团队对于创业项目的产品成本结构进行讨论分析，并将项目产品的成品结构写在下面区域。

---

### 知识加油站

### 大学生创业项目的风险防范

创业教育是世界高等教育的重要创新和目标，旨在培养具备强大个人能力和优秀创业品质的创业者。为此，高校需完善软硬件设施，建立大学生创业中心和园区，举办创业比赛，邀请成功校友分享经验，争取政府创业基金，加强校际交流合作，并不断完善创业教育体系，通过培训和实践提升大学生的创业能力和风险意识。

（一）大学生要提高自身创业素质，提升自身管理水平，实践出真知

大学生应提升创业素质，完善创业认知，通过实践来验证知识，确保学以致用。学校知识虽丰富，但缺乏实践检验。实践不仅助力应对创业风险，还培养团队合作、人际沟通和产品推广能力。

除专业能力外，性格和品质的培养同样关键，如人际交往能力，对创业至关重要。建议大学生积极参与创业比赛、实践活动和创业培训，增强专业能力，培养风险意识，及时

识别并预防风险。同时，积极融入社会，增强社会认知。

（二）参加社会实践活动

大学生在创业之前一定要参加一定数量的社会实践活动，目的是为自己的创业方案进行先一步的市场调研和分析，其中调研方式有问卷调查等很多种形式，总之调研一定要保证其严谨和准确性。再将调研分析结论与自身的优势和资源相结合，就可以为自己的创业方案做一个充分的设计实施方案，借以降低因对市场盲目而带来的创业风险。

## Step4：提交创业计划书

创业计划书，是指企业家在创业的初期所编写的一份书面创业计划，用以描述创办一个新的风险企业时所有相关的外部及内部要素。即指创业者在正式启动创业项目之前，基于前期对整个项目的调研、策划的成果，对创业项目进行全面说明的计划性文件。提交创业计划书必须解决两个问题，问题一：创业计划书的内容；问题二：创业计划书的撰写。

### 一、创业计划书的内容

通常，创业计划书中应包括如下内容：创业的种类、项目概况、市场分析、SWOT分析、发展规划、营销策略、资金规划、可能风险评估、投资人结构、内部管理规划、销售、财务预估报表等。

例如，假设你要创办一家环保包装公司。你的创业计划书应包括：

创业种类：环保包装公司，有限公司，主要产品为可降解包装材料。

市场分析：分析当前的环保市场需求、主要竞争对手和市场增长潜力。

SWOT分析：优势是环保趋势，劣势是生产成本较高，机会是政策支持，威胁是大公司进入市场。

发展规划：短期目标是打入本地市场，中期目标是扩展至全国，长期目标是进入国际市场。

资金规划：个人出资50%，银行贷款50%，详细说明资金的用途，如生产设备和市场推广。

风险评估：市场需求波动、技术变革、原材料价格上涨等。

财务预估：预计前三年年收入为100万元、300万元和500万元，支出明细包括生产成本、营销费用和人力成本。

通过简化和优化，你可以更清晰地展示创业项目的各个方面，使计划书更具吸引力和可操作性。

### 二、撰写创业计划书

目前使用的创业计划书文本格式多样，但大致可以归纳为以下几个关键部分。以下是按照常规结构和要点整理的几种创业计划书文本概述：

#### （一）封面与目录

封面：包含创业计划书标题、公司名称、日期和编制者信息等。

目录：列出创业计划书的主要内容章节和页码。

#### （二）执行摘要

简要介绍公司、产品或服务、市场定位、竞争优势、财务预测和资金需求等关键信息。

### (三)公司描述

公司名称、法律结构(如有限责任公司、股份有限公司等);公司愿景、使命、核心价值观和长期目标;创始人和关键团队成员的背景和经验介绍。

### (四)产品或服务

详细描述产品或服务的特点、优势、用途、目标市场和客户需求;提供产品或服务的原型、样品或图片,以及任何相关的专利或知识产权信息。

### (五)市场分析

目标市场描述:包括市场规模、增长趋势、客户细分和市场需求等。

竞争对手分析:识别主要竞争对手,分析他们的优劣势和市场份额。

市场进入策略:如何定位自己的产品或服务以区别于竞争对手。

### (六)营销与销售计划

营销策略:包括定价策略、促销策略、分销渠道和广告策略等。

销售预测:基于市场分析和营销策略,预测未来几年的销售收入。

### (七)运营计划

详细描述公司的日常运营流程,包括生产、供应链管理、客户服务等;提供所需的设备、设施、原材料和人力资源计划。

### (八)财务规划

初始投资需求:列出启动公司所需的资金,包括固定资产、运营成本和其他费用。

财务预算:提供未来几年的收入、支出和利润预测。

资金需求与来源:说明所需资金总额和资金来源(如自有资金、银行贷款、风险投资等)。

### (九)风险评估与应对策略

识别可能面临的风险,如市场风险、竞争风险、技术风险等。为每个风险制定应对策略和缓解措施。

### (十)附录

包括任何支持性文件,如市场调研报告、合同样本、法律文件等。

需要注意的是,以上结构仅为创业计划书的一般框架,具体内容和格式可能因行业、公司规模和投资者需求等因素而有所不同。在实际编写创业计划书时,应根据公司具体情况进行灵活调整。

## 任务 3　设计公司结构框架

**情境导入**

李想毕业后想创业,他组建了一支优秀的创业团队并被推选为领导者,在现有的资本和竞争环境下，李想的创业团队在经过几轮讨论修改后撰写好了创业计划书，现在的任务就是根据创业计划书的规划进行公司结构框架的设计，设置职能部门、一系列岗位，来进行企业的运营管理。

## 📖 任务描述

参照现代企业组织架构和岗位设置的一般规则，确定公司的类型和注册资金；为公司进行企业组织结构设计，确定公司各部门及其业务。

## 🖥 任务分析

李想团队成立后，需要进行团队分工，这样有了具体的分工便可以进行具体的一些工作。需要解决三个问题：一是公司类型和规模的设定；二是公司部门设计；三是公司岗位的确定。

### Step1：设定公司类型和规模

（企业）公司类型在现实社会中有很多种，在实训中虚拟公司类型分为三类，包括生产型公司、贸易型公司、服务型公司。

公司的规模是指公司的大小，与公司的注册资金有关，模拟公司规模与现实社会中的一样，所以在设计公司规模过程中，可以参考现实社会中的注册公司的相关规定。

创业团队对虚拟公司类型及注册资金等相关信息进行分析讨论，确定公司的规模，并将公司类型和规模写在下面区域。

### Step2：公司部门的设定

#### （一）部门划分概述

随着企业发展壮大，职能逐渐增多，分工日益细化。当分工达到一定程度时，单一层级管理难以胜任。此时，需将相近或相关的部门整合在一起，并委派能力较强的人来负责管理。例如，研发、质控、生产、产品等部门，因彼此协作频繁，适合整合为一个管理单元。

在组织设计中，高层管理者需思考设立多少管理部门、各部门的职责权限、管理层次的设立、以及各级管理层次的功能。这涉及管理层次、部门划分，以及部门和岗位的职能、责任和权限，即组织结构问题。为强化价值链管理、优化组织结构和流程、降低成本、增强竞争力，企业应定期或不定期调整组织结构，合理划分部门。

### (二)部门划分的原则

#### 1. 精简高效

组织结构中的部门设置应尽可能精简，确保每个部门都能高效地为组织目标服务。例如：某互联网公司，为快速响应市场变化，将原本分散的产品、技术、运营等部门整合为产品技术运营中心，实现快速决策和资源调配，有效提升了整体运营效率。

#### 2. 弹性灵活

部门划分应具备弹性，根据业务需求的变化而灵活调整，增设或撤销部门。例如：某零售企业，在电商业务兴起时迅速成立了电商部门，并在其业务稳定后，将电商团队与线下销售团队合并，形成线上线下融合的销售中心，以适应市场变化。

#### 3. 职能明确

每个部门都应具备明确的职能，确保组织目标的实现。当职能涉及多个部门时，应明确各部门的职责范围。例如：某制造企业，为确保产品质量和生产效率，将质量管理职能从生产部门中独立出来，成立专门的质量管理部门，负责监督生产过程中的质量控制和评估。

#### 4. 工作均衡

部门间的工作量应尽可能均衡，避免某些部门过于繁忙而另一些部门则过于空闲。例如：某银行为提高服务质量和效率，对各部门的工作职责进行了重新分配，将原本集中在少数部门的业务分散到更多部门，实现了工作量的均衡分配，提高了整体服务效率。

#### 5. 检查与业务分离

检查或评估业务部门的人员不应隶属于被检查或评估的部门，以确保检查的公正性和客观性。例如：某政府机构为确保政策执行的公正性和透明度，设立了独立的审计部门，负责对各个业务部门的政策执行情况进行审计和监督，避免了内部人员可能存在的利益冲突和偏见。

模拟公司讨论在进行公司部门划分时，应依据哪些原则进行，并将讨论结果写在下面区域。

## (四) 部门划分的方法

部门划分的方法在组织管理中起着至关重要的作用，它直接影响到组织的运营效率、资源分配以及目标的实现。以下是部门划分的几种主要方法，并结合实例进行说明：

### 1. 按职能划分

按职能划分部门是最普遍采用的方法。它基于工作或任务的性质，将具有相同或相似职能的岗位划分为同一部门。例如，一个大型制造企业可能划分为生产部、研发部、销售部、人力资源部、财务部等，每个部门负责不同的职能领域。

### 2. 按产品划分

当企业产品种类较多，且每种产品都需要不同的技术、设备和市场策略时，可按产品划分部门。例如，一个汽车制造企业可能划分为轿车部、卡车部、电动车部等，每个部门负责不同类型汽车的生产、销售和服务。

### 3. 按地区划分

对于跨国或跨地区经营的企业，按地区划分部门有助于更好地适应不同地区的市场需求和文化差异。例如，一个跨国零售企业可能在中国、美国、欧洲等地设立不同的分公司或区域总部，每个分公司或区域总部负责其所在地区的业务运营。

### 4. 按客户划分

根据客户的类型或需求特点来划分部门，有助于企业更好地满足客户需求，提高客户满意度。例如，一家银行可能划分为个人银行部、商业银行部、投资银行部等，每个部门负责不同类型的客户群体。

### 5. 按过程划分

按企业的核心业务流程划分部门，有助于企业更好地控制生产或服务流程，提高运营效率。例如，一个制造企业可能划分为采购部、生产部、质量控制部、物流部等，每个部门负责不同的生产或服务流程环节。

### 6. 按设备或技术划分

在设备或技术要求较高的行业中，按设备或技术划分部门有助于充分发挥设备的能力和专业技术人员的特长。例如，一家钢铁制造企业可能划分为冶炼车间、轧钢车间、热处理车间等，每个车间负责不同的设备和技术领域。

### 7. 按时间划分

在某些需要连续生产或服务的行业中，按时间划分部门有助于确保生产或服务的不间断进行。例如，一家 24 小时营业的便利店可能划分为白班、晚班、夜班等不同班次，每个班次负责不同时间段的运营工作。

以上各种部门划分方法各有优缺点，企业在实际应用中应根据自身的业务特点、组织规模和发展阶段等因素综合考虑，选择最适合自己的部门划分方法。同时，随着企业内外部环境的变化和业务的发展，部门划分也需要不断地进行调整和优化。

模拟公司根据划分部门的相关理论知识，讨论所在公司的部门设置，并将讨论结果写在下面区域。

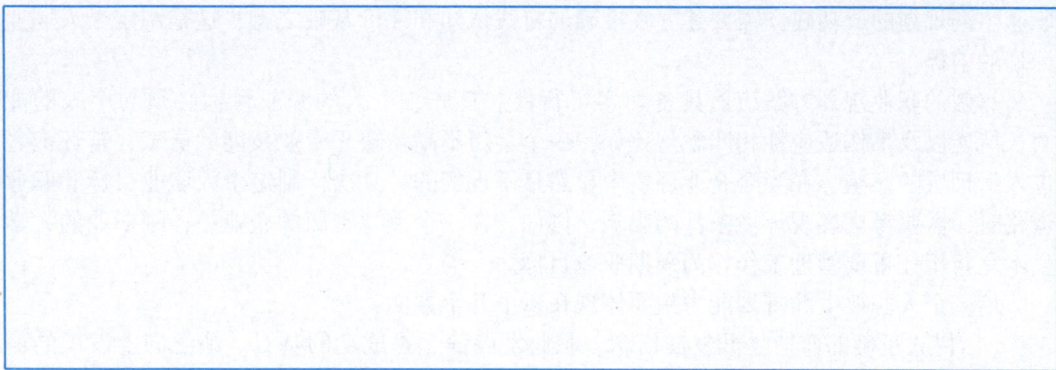

### Step3：公司岗位的确定

公司岗位的设立是根据公司的类型、规模及部门来确定的，但是一个公司必须有三个层次的职位需要设立，一是决策层，如经理、副经理等；二是管理层，起上传下达的参谋作用；三是执行层，起具体落实管理决策的作用。具体岗位的设定还与企业的规模有关系，大规模的企业设置的岗位就细一些，小规模的企业相对就粗略一些。

模拟公司根据公司的类型、规模及部门讨论确定的公司岗位，并在下面区域画出公司组织架构图。

### 任务训练

各创业团队完成模拟公司的创建并进行汇报。

**任务要求：**

1. 确定公司的经营范围。
2. 设计公司名称及 Logo。
3. 划分公司部门及确定具体岗位。

### 知识加油站

#### 学生规划能力的培养

为了培养学生的个人职业生涯规划能力，可以借鉴"模拟公司"规划训练的经验。个人职业生涯规划的成功建立需要建立在准确的自我认知和评价基础之上，这是制定个人职业计划的前提。

有效的职业规划方案应该具备切实可行性。首先，个人的职业目标必须与个人的能力、特质以及工作适应性相匹配。比如，一个学历不高且缺乏专业技能的员工，若怀抱着进入管理层的愿望，在当今企业环境中显然是不现实的。其次，制定个人职业目标和职业道路时，需要考虑客观环境条件的影响。例如，在一个重视资历的企业中，刚毕业的大学生不宜将担任重要管理工作作为短期职业目标。

培养个人职业生涯规划能力主要体现在以下几个方面：

(1)树立正确的职业生涯发展信念。职业发展信念是成功的基石。缺乏向上发展的信念将导致事业的停滞，因为"志不定，天下无可成之事"。确立人生志向，并期望在事业上取得更大发展是职业生涯规划的关键。

(2)自我评估。通过自我评估，可以更好地认识和了解自己，这是正确职业选择的基础之一。评估内容包括兴趣、特长、性格、学识、技能、智商以及组织管理、协调、活动能力等方面。

(3)生涯机会评估。评估各种环境对个人职业发展的影响至关重要。了解环境特点、发展变化、自身与环境的关系以及环境对个人提出的要求，是制定职业生涯规划的实质性内容。

(4)确定职业方向。结合自我评估和生涯机会评估，结合个人发展愿望，初步确定个人的职业发展方向，包括具体的行业、领域、职业、职位以及希望达到的高度等。

(5)设定发展目标。生涯目标设定是职业生涯规划的核心。正确的目标设定是事业成功的关键，因为没有明确的目标就像一艘没有舵的孤舟，缺乏方向。设定目标需要根据个人专业、性格、价值观以及社会发展趋势，包括人生目标、长期目标、中期目标和短期目标。

(6)制订行动方案与实施计划。确定了生涯目标后，行动变得至关重要。具体的行动计划包括工作、培训、教育等方面的措施，这些计划必须具体明确，以便定期检查执行情况。

(7)生涯评估与反馈。生涯规划需要不断评估与修正，因为各种因素会影响规划的执行。及时调整职业选择、生涯路线、人生目标和实施计划是确保规划有效性的关键。

## 项目实训

**【实训内容】**

各模拟公司为所在的公司的创业项目撰写《创业项目计划书》。

**【上交实训作业】**

(1)人员分工表 1 份。

(2)《创业项目计划书》1 份。

(3)成果汇报 PPT 1 份。

**【实训要求】**

(1)各模拟公司内部分工合作。

（2）时间：3 学时（其中，2 学时完成文字材料，1 学时分组讨论汇报）。

（3）《创业项目计划书》设计合理，内容全面，表述清楚。

**【评价标准】**

（1）文字材料 50%+实训态度 10%+模拟公司协作效果 20%+成果汇报效果 20%，评价标准如表 1-1 所示。

表 1-1　评价标准

| 项目 | 比例 | 评分标准 |
| --- | --- | --- |
| 文字材料 | 50% | 结构完整、内容表述清楚、条理清晰、排版规范 |
| 实训态度 | 10% | 工作主动、积极参与并完成任务 |
| 模拟公司协作效果 | 20% | 团队分工明确、合作能力强 |
| 成果汇报效果 | 20% | 语言表述流利准确、PPT 制作精美 |

（2）教师评价 60%+小组互评 20%+自评 20%。

# 项目二　公司工商注册

## 项目任务

　　李想毕业后想创业，他组建一个优秀的创业团队，确定了企业经营领域并撰写了创业计划书，在计划书完成的基础上组建了企业组织结构，现在需要进行公司工商注册，并完成人员招聘工作。

## 项目描述

　　任务1：公司工商注册
　　任务2：人员招聘
　　实训目的和要求：
　　本项目通过"模拟公司"的注册过程，让学生了解公司注册过程中在工商行政管理局注册阶段的全流程，使学生对企业注册有一个整体的了解，完成人员选聘，培养学生的自学能力与交往能力，有踏实肯干的工作作风和主动、热情、耐心的服务意识。

## 任务1　进行公司工商注册

### 情境导入

　　李想的公司的组织结构已经构架完成，现在的任务就是进行工商注册。李想所在的公司要进行工商注册，如何进行工商注册，是李想所在公司现在需要解决的问题。

### 任务描述

　　李想所在的公司，作为申请人向工商行政管理机关进行企业注册，按照申请流程进行工商注册申请，并提交相关文件。

### 任务分析

　　根据有关工商登记的法律、法规和规章，在掌握工商登记基本原则、相关法律、法规的基础上，各模拟公司熟悉公司的工商登记程序，提交相关文件资料，完成公司工商注册。

### 任务实施

### Step1：申请营业执照的流程

申请营业执照的流程主要包括以下几个步骤，以下是详细且清晰的流程介绍：

#### （一）核准名称

时间：1~3个工作日

操作：确定公司类型、名字、注册资本、股东及出资比例后，可以去工商局现场或线上提交核名申请。

结果：核名通过，失败则需重新核名。

#### （二）提交资料

时间：5~15个工作日

操作：核名通过后，确认地址信息、高管信息、经营范围，在线提交预申请。在线预审通过之后，按照预约时间去工商局递交申请材料。

结果：收到准予设立登记通知书。

#### （三）领取执照

时间：预约当天

操作：携带准予设立登记通知书、办理人身份证原件，到工商局领取营业执照正、副本。

结果：领取营业执照。

在申请营业执照的过程中，还需要准备以下材料：

(1)公司法定代表人签署的《公司设立登记申请书》。

(2)全体股东签署的公司章程。

(3)法人股东资格证明或者自然人股东身份证及其复印件。

(4)董事、监事和经理的任职文件及身份证复印件。

(5)指定代表或委托代理人证明。

(6)代理人身份证及其复印件。

(7)住所使用证明。

请注意，以上流程和时间可能因地区和具体情况而有所不同，建议在实际办理前向当地工商局进行详细咨询。同时，营业执照遗失或毁损的，个体工商户应当在公开发行的报刊上声明作废，并向登记机关申请补领或者更换。

### Step2：学习工商企业注册登记的规定

**案例：甲公司等四家企业诉市工商局不予工商企业注册登记案**

背景：

2020年5月，甲公司与另外三家公司企业达成协议，决定共同投资成立"飞翔体育用品有限公司"。四家企业根据协议拟定了公司章程，并明确了公司的注册资本为500万元，其中甲公司出资150万元，其余投资由另外三家企业分别以货币、机器设备、土地使用权等方式出资。各方均按照公司章程的规定，完成了实际出资并办理了相关法定手续，取得了相应的验资证明。

申请过程：

同年9月，飞翔体育用品有限公司筹备处向市工商局提交了设立登记的申请，并附带了登记申请书、公司章程、验资证明等文件。市工商局在接到申请后，对飞翔公司的法定资本和生产经营条件等进行了审查，认为均符合设立条件。然而，市工商局以本地已经有6家体育用品公司，市场容量已饱和，再设立一家体育用品公司对本地经济的促进作用不大为由，作出了不予登记的决定。

法律争议：

甲公司等四家企业接到市工商局的不予登记通知后，认为市工商局的决定缺乏法律依据，侵犯了企业的合法权益。因此，四家企业以市工商局为被告，向法院提起了行政诉讼，要求市工商局对其设立新企业的申请予以登记。

法院审理：

法院在审理此案时，首先审查了市工商局不予登记的决定是否符合相关法律法规的规定。法院认为，根据《中华人民共和国公司法》及相关行政法规的规定，企业设立登记的主要条件是注册资本、生产经营条件等是否符合要求，而市场容量是否饱和并非法定的不予登记的条件。其次，法院认为市工商局在审查企业设立申请时，应当依据法律法规的规定进行审查，而不能以主观判断作为审查的依据。本案中，市工商局以市场容量已饱和为由不予登记，缺乏法律依据，属于违法行政行为。

判决结果：

综上，法院判决撤销市工商局不予登记的决定，并责令市工商局在法定期限内对飞翔体育用品有限公司的设立申请重新进行审查，并依法作出是否准予登记的决定。

团队讨论把答案写在下面方框区域。

问题：(1)飞翔体育用品有限公司是否符合登记条件？

（2）收集在工商登记中关于申请材料虚假的相关处罚措施。

（3）此案例对于企业方的启示。

## Step3：工商企业注册登记

### （一）准备阶段

#### 1. 了解表格内容

仔细阅读表格中的各项内容，包括申请表格、变更表格等，确保了解每一项信息的具体含义和填写要求。可以在市场监督管理局网站查询相关表格的填写范本及所需材料清单。

#### 2. 准备相关资料

根据表格要求，准备好相关的证明材料和文件，如公司章程、股东会决议、身份证、企业名称、预先核准通知书等。同时，收集并整理公司的相关财务、业务等数据，以备填写表格时参考。

### （二）填写阶段

#### 1. 基本信息填写

企业名称：按照企业命名的规则，填写拟设立的企业名称。

住所/营业场所：详细填写企业主要经营活动的所在地，需具体到行政区划、街道、路名、门牌号、大楼名称、小区名称、房号等。

法定代表人信息：包括姓名、职务、联系方式等。

注册资本：填写企业股东或发起人认缴的出资额总和，并注明出资方式和时间。

经济类型：根据企业的实际情况选择适当的经济类型，如有限责任公司、股份有限公司等。

经营范围：详细列明企业拟从事的经营活动范围，注意使用规范表述，可登录市场监督管理局网站查询经营范围表述用语指引。

经营期限：根据企业章程或协议约定的经营期限填写。

### 2. 股东/发起人信息填写

股东/发起人姓名或名称：列明所有股东或发起人的姓名或名称。

证件类型及号码：根据股东或发起人的实际情况填写证件类型及号码，如身份证、护照等。

认缴出资额及出资方式：详细列明各股东或发起人的认缴出资额及出资方式，如货币、实物、知识产权等。

出资时间：根据企业章程或协议约定的出资时间填写。

### 3. 其他事项填写

联系人及联系方式：填写负责与企业登记机关沟通的联系人姓名及联系方式。

邮政编码：填写企业住所/营业场所所在地的邮政编码。

申报事项：根据企业设立的实际情况选择需要申报的事项，如变更登记、注销登记等。

### (三)提交与审核阶段

(1)仔细检查：完成填写后，务必仔细检查所填信息的准确性和完整性，避免不必要的错误。

(2)提交审核：将表格和相关资料提交给工商部门审核。

(3)缴纳费用：根据当地工商部门的规定缴纳相应的费用，如注册费等。

**注意事项**

(1)规范填写：填写表格时需使用黑色或蓝色水笔，确保字迹清晰、规范。同时，注意信息的格式、数据的有效性等细节问题。

(2)签章要求：表格中标明需"签章"处，签署人属于单位的，由单位盖章；属于自然人的，由自然人本人签署。

(3)修改与更正：如果表格内容有误，可以在修改处签字或加盖公章进行修改，并向工商部门申请更正。

综上所述，工商企业注册登记表格的填写需要仔细、准确，并遵循相关规定和要求。通过规范填写和提交审核，可以确保企业合法注册并顺利开展业务。

### (四)领取营业执照

(1)审核注册资料：工商局将对提交的注册资料进行审核，确保资料的真实性和完整性。

(2)领取营业执照：审核通过后，创业者需携带准予设立登记通知书和办理人身份证原件到工商局领取营业执照。营业执照是公司合法经营的凭证，必须妥善保管。

### （五）公司备案刻章

（1）选择刻章单位：创业者需前往公安局指定的定点刻章单位办理公司公章、财务章、合同章、法人代表章、发票章等印章的刻制。

（2）备案刻章：刻制完成的印章需按照相关规定进行备案，以确保印章的合法性和有效性。

### （六）开设银行基本账户

（1）准备开户资料：包括营业执照、公章、法人章、财务章等。

（2）前往银行开户：创业者需携带开户资料前往银行开设基本账户。银行将审核这些资料，并在审核通过后为公司开设基本账户。账户开设后，公司即可进行日常的资金收付和结算。

### （七）税务登记与社保开户

（1）办理税务登记：创业者需携带营业执照等相关资料前往税务局办理税务登记，领取税务登记证。税务登记是公司合法纳税的前提。

（2）社保开户：根据国家法律法规，公司需为员工缴纳社会保险。因此，创业者还需前往社保局开立公司社保账户，并完成相关手续。

### （八）申请相关资质与许可（如需要）

若公司从事的行业需要特殊资质或许可（如食品经营许可证、医疗器械经营许可证等），创业者需在注册完成后，根据行业规定向相关部门申请。

### （九）知识产权保护（可选）

对于公司品牌、商标、专利等无形资产，创业者应及时向国家知识产权局等相关部门申请注册或登记，以确保公司合法权益不受侵害。

综上所述，工商注册的流程涉及多个环节和部门，需要创业者仔细准备和耐心办理。在办理过程中，务必确保提供的资料真实、准确、完整，并遵守相关法律法规和登记机关的规定。

# 任务2　人员招聘

## 情境导入

李想的公司已完成公司工商注册，公司现在进入运营阶段，首先解决的问题就是进行人员招聘，实现企业运营对人力资源的需求。

## 任务描述

要想招聘工作能成功，首先确定需要招聘的岗位，并编写招聘岗位的《岗位说明书》，其次按照招聘流程开展招聘工作。

## 📺 任务分析

招聘合适的人员是企业运营中最关键的一步。关于公司人员的招聘工作，主要应考三个方面：一是招聘岗位的确定及招聘依据；二是确定人员招聘工作计划方案；三是按照招聘方案开展人员招聘。

## 📖 任务实施

### Step1：确定招聘岗位及编制《工作说明书》

#### (一)确定招聘岗位

员工招聘是通过各种方式，把具有一定技巧、能力的申请人吸引到企业空缺岗位上的过程。招聘岗位必须达到岗位的要求与员工个人素质相匹配、工作报酬与员工个人的需要相匹配。企业要招聘新员工，通常有以下几种原因：新公司(部门)的成立；公司业务扩大；现有职位因种种原因发生空缺；调整不合理的员工队伍；为改造企业文化而引入高层管理人员和专业人才。

各模拟公司，根据公司业务开展需求及公司岗位设置具体情况，讨论决定需要招聘的岗位(最多三个岗位)。

#### (二)编制《岗位说明书》

### 【案例】隐藏在招聘启事中的玄机

洞察玄机，赢得岗位——锦汇高新技术有限公司公关经理招聘启事解析

背景介绍：

某地一份报纸曾刊登了锦汇高新技术有限公司的招聘启事，该公司计划招聘市场部公关经理3名。招聘启事中详细列出了工作职责、应聘要求以及薪资待遇，却唯独缺少了应聘的联系方式。这一细节引发了众多应聘者的关注和讨论。

招聘启事内容：

工作职责：

(1)组织实施公司的公关活动。

(2)建立并维护与新闻媒体的良好关系。

(3)组织有利于公司品牌及产品形象的相关报道及传播。

(4)对公关活动进行监控。

（5）参与处理事件公关、危机公关等。

（6）组织实施内部沟通等项目和其他相关工作。

应聘要求：

（1）中文、广告或相关专业本科以上学历。

（2）3 年以上公关公司或信息类公司从业经验。

（3）有良好媒介关系者优先。

（4）形象好，善沟通，文字表达能力强。

（5）具有良好的媒体合作关系。

（6）较强的客户沟通能力及亲和力。

（7）具备各种新闻稿件的媒体发放及传播监控工作能力。

（8）具有吃苦耐劳、认真细致、优秀的人际沟通能力。

薪资待遇：月薪 4 000 元以上，具体面议。

应聘者反应与行动：

招聘启事登出后，引起了广泛关注。然而，应聘者很快发现启事中缺少了联系方式。多数人认为这是招聘单位的疏忽或报社排版错误，选择等待更正或补充说明。但有三位应聘者，小李、小强和小孙，他们并未等待，而是迅速采取行动。

小李通过互联网找到了公司的详细信息，并将简历发送过去。

小强通过 114 查询台，迅速取得了公司的联系方式。

小孙则通过某商业区的广告牌，获取了公司的地址和邮编。

面试与录用：

锦汇公司人事主管与这三位应聘者相约面试，并在面试后当即决定办理录用手续。三位应聘者对此颇为蹊跷，因为招聘启事中明确提到要进行考试。带着疑问，他们向老总请教。

老总解释道："我们的试题其实就藏在招聘启事中。作为一个现代公关人员，思路开阔、不循规蹈矩是首先应具备的素质。你们三人机智灵活，短时间内迅速找到公司的联系方式，这就说明你们已经非常出色地完成了这份答卷。"

岗位描述与工作分析：

这一事件不仅展示了应聘者的洞察力和行动力，也凸显了岗位描述和工作分析在人力资源管理中的重要性。在现代企业人力资源管理实践中，通过岗位描述和岗位规范来指导人力资源管理工作是至关重要的。

岗位描述：

对于市场部公关经理这一岗位，其岗位描述应详细规定以下内容：

基本情况：岗位名称（市场部公关经理）、岗位编号、定员标准（3 名）、岗位等级。

工作内容：逐条说明本岗位应做的工作，如组织实施公关活动、建立媒体关系、监控公关活动等，并明确工作应达到的标准。

岗位关系：说明本岗位与其他岗位之间的横向关系，如与市场部其他岗位的协作关系；以及纵向关系，如接受上级领导的监督和指导。

工作权限：明确公关经理在工作职责范围内的权限，确保责、权、利的统一。

工作环境：描述工作环境，包括社会环境和自然环境。社会环境如公司文化、团队氛围等；自然环境如办公室的物理环境等。

通过这一案例，我们可以看到，洞察力和行动力是招聘过程中不可或缺的重要素质。同时，岗位描述和工作分析也为人力资源管理提供了有力的支持。

各模拟公司，讨论招聘岗位的岗位描述相关内容，把讨论结果写在下面区域。

岗位规范：

岗位规范也称任职资格，是指任职者要胜任该工作必须具备的资格与条件。岗位规范规定了对"人"的要求，如知识、技能、职业素质等。主要解决"什么样的人来做这些事情最适合？"

（1）基本要求。

主要包括年龄、性别、学历、专业、工作经验等。

（2）生理要求。

主要包括健康状况、力量与体力、运动的灵活性、五官的灵敏度等。

（3）心理要求。

主要包括事业心、记忆、思维、语言、操作活动能力与应变能力、沟通能力、组织能力、领导能力、合作能力等。

各模拟公司，讨论招聘岗位的岗位规范相关内容，把讨论结果写在下面区域。

工作说明书（示例）：

工作说明书通常用表格形式制定下来，行政后勤主任岗位说明书如表 2-1 所示。

表 2-1　行政后勤主任岗位说明书

| 职务概况 | 职务名称 | 行政后勤主任 | 所属部门 | | 定编人数 | 1 人 |
|---|---|---|---|---|---|---|
| | 直接上级 | 园长 | 职务编号 | | 薪资等级 | |
| | 直接下属 | 全体行政部员工 | | | | |
| 工作概述 | 协助园长做好幼儿园的行政后勤管理工,包括:园所的招生、家园沟通、文书档案管理、采购、保管、送子车管理及幼儿园的行政事务工作 | | | | | |
| 工作内容和职责 | • 协助园长处理日常行政事务工作,向下传达园长的指示及工作安排。<br>• 负责安排园务会议和行政会议的组织、准备和记录工作,并对会议的执行情况进行监督、检查和反馈。<br>• 负责接待及招生工作,接待幼儿家长的电访、来访、日常沟通和投诉。<br>• 负责制订采购计划,补充库存物品,保障日常物品、教学物品的及时供给。<br>• 负责全园工作人员档案建立、员工考勤登记、员工请假、入离职手续办理、值班排班等工作。<br>• 负责幼儿园库房管理,做好教学和后勤物品出入库登记、每月核对库存。<br>• 负责幼儿园网站维护更新、微单页制作、微信平台维护等工作。<br>• 帮助家长安排园长会谈,要求提前一周向园长汇报需要会谈的相关事宜。<br>• 负责幼儿园基础设施的安全巡查、维修管理工作。<br>• 负责幼儿入、离园手续办理,及时更新幼儿园的档案系统。<br>• 负责监督、考核员工的礼仪礼貌、妆容。<br>• 负责检查全园安全保卫、消防工作,检查厨房煤气、用电的安全,确保幼儿园安全。<br>• 完成薪资的制作、审核、上报、发放及保密工作。<br>• 完成园长交给的其他工作。保守幼儿园的机密,并保持良好的团队工作气氛 | | | | | |
| 工作关系 | 所受监督 | 总经理、园长 | | | | |
| | 所施监督 | 行政人员、值班教师、保安、更夫 | | | | |
| | 内部关系 | 协调全园员工的工作关系 | | | | |
| | 外部关系 | 建立与上级部门良好的合作关系 | | | | |
| 工作条件 | 工作强度 | 7:40—17:00 | | | | |
| | 工作环境 | 综合办公室 | | | | |
| 所需技能培训 | | 机智灵活、细心有耐性、语言表达能力强,吃苦耐劳,电脑技能,协调沟通能力 | | | | |
| 其他方面 | | 对幼儿有爱心、耐心,有责任心 | | | | |

## Step2：招聘工作实施

### (一)计划

招聘工作由计划开始。招聘计划即确定负责筹划并实施各环节招聘活动的机构、分析与招聘有关的信息、在信息分析的基础上制订出招聘计划。招聘计划包括以下内容:

(1)人员需求清单,包括招聘的职位名称、人数、任职资格要求等内容。

(2)招聘信息发布的时间和渠道。

（3）招聘小组人选，含人员姓名、职务、各自职责。

（4）应聘者的考核方案，包括考核的场所、大体时间、题目设计者姓名。

（5）新员工的上岗时间。

（6）招聘费用预算，包括资料费、广告费、人才交流会费用等。

（7）招聘工作时间表，应尽可能详细。

（8）招聘广告样稿。

## （二）筛选

指根据既定的目标对应聘者进行评价和选择。这是整个招聘过程中的重要阶段。组织能否从应聘的申请者中选拔出优秀的人力资源，很大程度上取决于筛选工作的成效，取决于筛选技术方法的科学性。筛选阶段大体上由接受应聘申请、审查申请者资格、组织申请者测试和面试三个环节构成。

## 知识加油站

### 面试的过程

一次完整的面试流程包含了面试前阶段、面试阶段以及面试后阶段：

（1）面试前阶段：此阶段主要包含电话预约、发送面试邀请。

（2）面试阶段：面试阶段包括前期的证件查阅、基础信息填写、各类笔试测试、HR初面、二面等。

（3）面试后阶段：这一阶段一方面是公司审核、评选出合适的人才，最后通知求职者是否被录用，另一方面也是求职考虑公司是否合适自己的阶段。

（一）面试前阶段

1. 电话预约

当HR从各种简历中筛选出初步合适的简历后，将会通过电话进行预约。

电话预约的主要内容一般是询问是否已经找到工作，是否有意向有时间来公司面试？毕竟有些人是随意投递简历，有些是招聘网站自动投递。

提前电话预约好可避免浪费双方时间。

2. 正式邀请

规模小一点的单位可能在电话预约中已经商谈好正式面试的时间、地点等信息。

正规一点的单位会随后补上一个短信息，将面试需要准备的材料、时间、地点等信息正式地再次通知下求职者。

大型企业会给求职者发送邮件做出正式面试邀请。内容包括姓名、岗位、面试时间、地点、公司路线图、联络人，等等。

（二）面试阶段

1. 核实身份及证件，填写基础信息

前台工作者或者初面的HR一般会审核下求职者所带的各类证件是否齐全，包括不仅限于身份证、学历证、学位证、资格证书、各种奖励证书等等，建议求职者原件、复印件都要准备。

当身份和证件没有问题的时候，HR或者前台工作者则会提供一份基础信息表，或者求职申请表。其中的内容一般都是个人的简历内容。

其目的是不仅为了一会面试的时候使用，也是核实投递简历真假性的一个方法，有些单位还会将其留存备用。

2. 各类测试

有些企业会在基础信息填完后增加一个测试环境，填写各种测试试卷。

能力测试。此类测试是最重要的一个测试，通过答题对职业技能直接进行考查，尤其是专业技术岗位的求职者遇到的最多。

求职者一定要认真对待，因为有些时候，后期面试效果不好的情况下，面试者会考虑求职者的测试结果，尤其是测试结果优秀的求职者。

性格测试。这个属于心理测试，更多时候是测试求职者的抗压能力、团队合作能力、个人价值观、稳定性，等等。

3. 正式面试

初面。初面一般是 HR 和部门主管负责，前期是再次询问工作经历、学历，等等；紧接着是介绍公司的情况，包括岗位职责、薪资福利待遇，等等。

通过初面对求职者能否胜任工作有了一个总体印象，而不是基于纸质材料得出的结果。

二面及多次面试。很多企业不是初面就结束了，很多时候会经过二面、三面等，岗位越高，越需要多次面试。此次面试一般是考核的更加严格，有的甚至还会进行实际能力操作等。

(三)面试后阶段

这个阶段一般以公司为主，公司面试人员会综合评估、打分，综合各方面因素进行确定求职者的去留。

此阶段对于求职者来说，同样也是一个考虑的时间，是否要去这家公司工作。

正常情况下 3~7 天，公司 HR 就会给出一个明确的答复。

各模拟公司，根据招聘岗位《工作说明书》中的岗位规范，讨论分析制定面试问题提纲，把讨论结果写在下面区域。

### （四）录用

指招聘过程的最后阶段。录用阶段具体包括三个环节，即确定录用者名单、发布录用通知书和订立劳动合同。某公司录用通知书如图 2-1 所示。

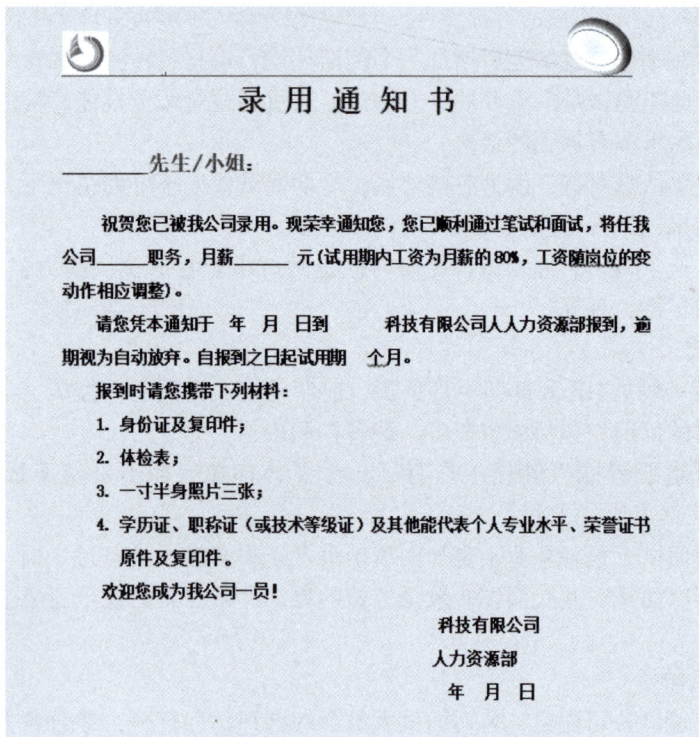

**录 用 通 知 书**

_____先生/小姐：

祝贺您已被我公司录用。现荣幸通知您，您已顺利通过笔试和面试，将任我公司_____职务，月薪_____元(试用期内工资为月薪的80%，工资随岗位的变动作相应调整)。

请您凭本通知于 年 月 日到 科技有限公司人力资源部报到，逾期视为自动放弃。自报到之日起试用期 个月。

报到时请您携带下列材料：

1. 身份证及复印件；

2. 体检表；

3. 一寸半身照片三张；

4. 学历证、职称证（或技术等级证）及其他能代表个人专业水平、荣誉证书原件及复印件。

欢迎您成为我公司一员！

科技有限公司

人力资源部

年 月 日

图 2-1　某公司录用通知书

## 项目实训

**【实训内容】**

各模拟公司根据招聘计划，开展面试工作。

**【上交实训作业】**

(1)面试提纲 1 份。

(2)面试评价量表。

(3)面试评价结果汇报。

(4)录用通知书。

**【实训要求】**

(1)各模拟公司互换角色完成面试。

(2)时间：3 学时(其中，2 学时完成文字材料，1 学时模拟面试)。

(3)文字资料设计合理，内容全面，表述清楚。

**【评价标准】**

（1）文字材料 50%+实训态度 10%+模拟公司协作效果 20%+成果汇报效果 20%，评价标准如表 2-2 所示。

表 2-2 评价标准

| 项目 | 比例 | 评分标准 |
|------|------|----------|
| 文字材料 | 50% | 结构完整、内容表述清楚、条理清晰、排版规范 |
| 实训态度 | 10% | 工作主动、积极参与并完成任务 |
| 模拟公司协作效果 | 20% | 团队分工明确、合作能力强 |
| 成果汇报效果 | 20% | 语言表述流利准确、PPT 制作精美 |

（2）教师评价 60%+小组互评 20%+自评 20%。

# 第三篇 "模拟公司"发展

# 项目三　制订企业经营方案

项目任务

## 项目任务

　　李想毕业后想创业，经过前期努力，已经完成公司的组建，随着行业的竞争力越来越大，企业想要发展，那么运营就成为非常重要的部分。对于很多运营者来说，运营方案的撰写，不仅仅是需要了解自身的产品和平台，还要对市场及竞争对手有一个充分的了解，通过这些了解之后，撰写的方案才能够更加的合理，实现企业长期发展。

## 项目描述

　　任务1：组建团队
　　任务1：开展市场调研
　　任务2：编制企业经营方案
　　任务3：进行产品策划
　　实训目的和要求：
　　通过团队组建实训项目，使学生熟悉企业经营方案制订的全过程，培养学生分析与解决问题及团队合作的能力；要求模拟公司开展市场调研，作出正确的经营决策，开发适合客户需求的产品，制订正确的经营方案。

## 任务 1　开展市场调研

### 情境导入

　　生产经营是企业活动的中心，企业的一切活动都是为实现既定目标而进行的。因此，企业必须时刻关注市场变化，定期进行市场调研，开发出适合客户需求的产品，制订生产经营方案，以实现长期发展。

### 📖 任务描述

模拟公司为讨论设计市场调查问卷，展开市场调查中取得的资料进行整理与分析，形成调查报告。

### 💻 任务分析

市场调研是企业开展营销活动的重要内容，通过调研可以得到产品供求、价格、渠道和促销方面的信息，从而为目标市场的选择和市场的定位创造条件。

### 📘 任务实施

市场调研对一个即将创建公司的团队是必不可少的，它能促使公司生产适应销售对路的产品，及时地调整公司的营销策略，使公司能够根据市场的需要来生产产品，市场调研是编制企业经营方案的前提。

市场调研最好的方法是到实地调查，实地调查是在周详严密的架构下，由调查人员直接向被访问者收集第一手资料的相互往来过程。第一手资料又称为初级资料，指首次收集到的资料。

实地调查常用的方法有三种：

（1）直观观测法。这一方法涉及调研人员通过视觉直接观察具体细节以搜集信息。举例来说，调研人员会亲临受访者的厨房，亲眼查看所使用的食用油的品牌及其包装样式。

（2）实验测试法。此法是调研人员通过设定特定条件，利用实验手段观察现象并收集相关数据。食品品鉴会便是运用实验测试法的一个实例。

（3）问卷调查法。这一方法需要将待调研的内容设计成问卷形式，随后由被调查者根据自己的意见或答案填写问卷。市场调研中，问卷调查法常被作为主要的实施手段。

## Step1：设计市场调查问卷

### 一、市场调查问卷认知

#### （一）市场调查问卷的结构

市场调查问卷就是用科学的方法系统地搜集、记录、整理和分析有关市场的信息资料，从而了解市场发展变化的现状和趋势，为企业经营决策、广告策划、广告写作提供科学的依据。一份比较完善的调查问卷通常由以下四部分构成：

（1）被调查者的基本情况，包括被调查者的年龄、性别、文化程度、职业、住址、家庭人均月收入等。

（2）调查内容本身，是指所调查的具体项目，它是问卷的最重要的组成部分。

（3）调查问卷说明，其内容主要包括填表目的和要求，被调查者注意事项，交表时间等。

（4）编号，有些问卷需要编号，以便分类归档，汇总统计。

#### （二）市场调查问卷设计的流程

##### 1. 确定所要收集信息、资料

调查前，须仔细思考所要调查的对象。在市场细分的前提下，实行差别化营销策略还

是无差别。须认清调查对象是否为自己所针对的目标对象，这样，方可提高调查信息的有效性。

### 2. 根据问卷的调查方式确定调查内容

问卷调查方式的不同，问卷的设计方式及其内容的繁复程度不同，因此，在决定问题内容时，问题必须切题，不要出现与调查目的无关的题目。

### 3. 决定问题形式

问题的形式一般有以下几种：

（1）开放自由式问题，让被访者自由回答，不受限制。例如，"请问您或您的家人最喜欢的牙膏品牌有哪些?"

（2）二分式问题，把问题简化成与否两种答案。例如：会不会开车? ①会 ②不会。

（3）多选式，对于一个问题列举几个答案，让被访者在限定的答案中选。例如"请问您使用过以下哪些品牌的洗发水?"①飘柔 ②海飞丝③夏士莲。

（4）顺位式问题，在提出问题时，让被访者按要求以此回答。例如："请问您在选购电冰箱时，认为哪些方面最重要? 次重要和最不重要?"①功能多②制冷性强 ③省电 ④保修期长⑤服务好。

### 4. 选择问题用语

询问用语在问卷调查中，应该注意以下几个方面。首先，询问的着眼点要明确，其次，要用平易语句，让被访者易于回答，再次，要避免有诱导性作用的问题，最后，避免过于涉及隐私。

### 5. 决定问题的先后顺序

第一个问题必须有趣且容易回答，重要问题放在突出的位置，容易的问题放在前面，慢慢引入比较难答的问题。问题要一气呵成，注意问题的前后顺序的连贯性，不要让被访者的思绪中断。

### 6. 问卷的版面布局

问卷的形式以及体裁的设计，对于搜集资料成效的关系很大，应力求纸质及印刷精美，在某些开放性的问题后面留出充足的地方来让被访者填写其意见或建议，以便信息的搜集以及日后的作业处理。

### 7. 进行调查实验

在设计市场调查问卷之后，有必要根据计划举行小规模的试验检查，以得知问卷的格式是否正确，调查的方式是否正确，调查的目的是否达到，一旦发现问题，还可以及时地纠正或改进实施的工作。以便加以改正及控制调查的成本。

### 8. 修订及定稿

将调查问卷进行修改后，印刷出来，在调查中使用。可以将调查中应该注意的问题编辑成册，以供相关人员的参考。

### 二、各模拟公司根据所学知识，设计市场调查问卷

(一)公司内部成员根据需要，设计市场调查问卷问题，写在下面方框区域

(二)对成员设计的调查问题进行分析整理，完成公司的调查问卷的设计

## Step2：开展市场调查

公司开展市场调查，主要是为了了解顾客的需求，并选择设计可以满足他们需求的产品或服务；还要思考推广宣传，吸引顾客光顾；最后是分销产品或提供服务的设计。

### (一) 确定顾客对象是谁

掌握顾客的情况，评估市场大小，并推断他们购买过程的取舍。此外，按照要求挑选营业地点、产品或服务范围、定价及拟定销售策略。

市场调研人员需综合评估以下几个维度：

(1)确定购买公司产品的消费者特征，区分主要消费群体与次要消费群体。

(2)分析这些消费者的地理位置、背景信息及消费习惯。

(3)探究影响消费者购买决策的关键因素。

(4)明确在消费决策过程中，哪些人起到关键作用。

(5)评估顾客的复购周期。

(6)探究顾客的购买地点、特定节日或时段的消费习惯，以及他们的消费预算。

(7)分析顾客在消费时的偏好与需求。

(8)评估顾客的品牌忠诚度，并思考如何构建长期稳定的客户群。

任务：各模拟公司讨论确定公司的目标客户群，并写在下面方框区域。

## (二)企业核心产品或服务的市场定位

市场分析的关键步骤之一是明确企业的核心产品或服务，并确保其贴合市场需求。在此过程中，顾客偏好应作为首要考虑因素。

市场调研人员需审视以下几点：

(1)核对目标客户群的需求与企业计划推出的产品或服务规格是否匹配。

(2)对比竞争对手的产品或服务，分析顾客如何权衡本企业与竞争对手的优劣。

(3)掌握当前市场趋势，明确产品所处的生命周期阶段。

(4)了解即将推出的产品或服务需遵守的相关法律法规。

(5)规划产品的包装设计。

## (三)市场竞争态势分析

市场中是否存在现有竞争对手？是否还有其他潜在竞争者？相较于竞争对手，企业的产品或服务有何优势？进入市场后，竞争对手可能的反应是什么？

市场调研人员需评估：

(1)识别市场中的主要竞争对手。

(2)分析竞争对手的市场份额。

(3)评估对手的竞争优势与劣势(如质量、价格、服务、结算周期、地理位置、声誉等)。

(4)确定市场竞争中的关键因素。

## (四)目标市场深入分析

制定有效的综合营销策略，需精准定位目标市场，并深入分析以预测市场规模(产量)、分销路径、定价策略、促销手段及其他营销细节。

## (五)分销渠道的选择

不同的分销渠道将直接影响营销策略的细节，如价格体系、广告策略、现金流管理等。在选择分销渠道时，需选取最有利于产品销售的方式，并明确市场定位。分销渠道种类繁多，如图3-1所示。

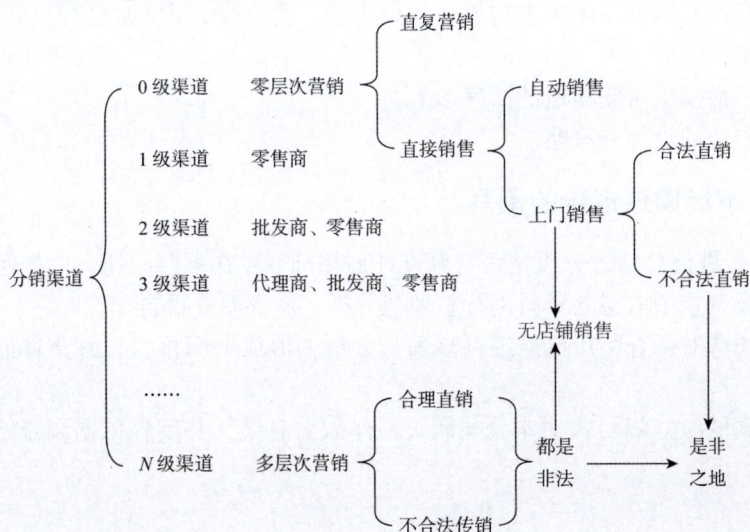

图3-1 分销渠道

市场调研人员需考虑：

(1)哪种分销渠道最适合推广产品。

(2)竞争对手采用的分销渠道。

(3)覆盖目标市场所需的分销成本。

(4)企业的资本或产能是否限制分销渠道的选择。

(5)在供应链中是否存在并购的机遇。

### (六)定价

商业经营的核心，在于寻求利润最大化，同时保持市场竞争力不失。产品的定价策略，既可以基于成本考量，也可以依据市场愿意承受的价格(即市价)来定。为确保定价既能避免过低导致亏损，又能精确反映分销成本，无论采用哪种定价方式，都需对成本进行详尽的分析。若市场价格无法满足成本覆盖，则应积极探索降低成本之道，否则考虑中止项目。

市场调研人员的关注点应包括：

(1)是否掌握定价主导权(例如，产品独特、市场无竞品、需求旺盛等)。

(2)竞争对手的定价策略及其定价依据。

(3)实现盈利目标所需的价格水平和销量预测。

(4)是否能在不同市场实施差异化定价。

(5)维持价格稳定的能力，以及预测竞争对手的价格反应。

### (七)市场推广与销售策略

市场分析的另一重要环节，在于制定有效的产品服务推广策略与销售计划。这要求深入分析各种宣传手段的优劣，设计能吸引目标顾客的信息内容，规划广告预算，并编制全面的销售计划。

市场调研人员应探究以下几个关键点：

(1)竞争对手使用的宣传媒介。

(2)对于目标顾客群，哪种宣传媒介效果更佳，是主流媒体(如报纸、电台)还是非主流媒体(如传单、展会)。

(3)在推广活动中希望塑造的品牌形象。

(4)产品包装的设计与策略。

## Step3：市场调查报告的撰写

对调查过程进行总结，分析是否与调查计划相符、存在哪些问题、应如何解决。

(1)对市场调查中取得的资料进行整理与分析，形成调查报告。

(2)组织团队对调查所得数据进行整理与分析，形成书面报告，并集体研讨，以制定经营策略。

(3)公司高层(总经理)需对本公司调查工作做出总结，并阐释依据调查结果所制定的经营决策。

# 任务2 编制企业经营方案

## 情境导入

李想所在公司前期开展了相关的市场调查并撰写了调查报告，现在需要公司高层对调查报告进行讨论分析、制定企业经营决策，最终根据讨论结果编制企业经营方案。

## 任务描述

各模拟公司分析企业内外部环境，作出正确的经营决策，制订正确的经营方案。

## 任务分析

企业要想在瞬息万变的市场环境中生存发展，必须善于分析企业内外部环境，作出正确的经营决策，制订正确的经营方案。要求了解企业经营决策的概念，掌握企业经营决策的制定程序，理解企业确定经营决策的方法。

## 任务实施

### Step1：制定企业经营决策

（一）各模拟公司讨论分析案例，解决案例中提出的问题

#### B 海洋渔业发展有限公司案例

B 海洋渔业发展有限公司成立于 2014 年 5 月，是一家专注于深海网箱养殖的中小型企业。在公司成立之前，创始人以个人名义从事深海网箱养鱼项目，初期产品主要供应国内市场，规模有限。随着业务的逐步扩展，部分产品开始远销东南亚及欧洲市场。出口业务通过委托当地外贸公司代理，客户基础尚不稳定。2016 年，鉴于国际市场对出口养殖企业的注册要求，创始人利用自有资金创立了 B 海洋渔业发展有限公司，并通过当地渔业部门的审核，成功获得出口注册资格，注册资本为 80 万元，初期投入深海网箱 80 个，总资产达到 150 万元。

至 2019 年，公司在三年间累计实现出口销售额 1 500 万美元，国内销售额达到 800 万元人民币，总资产增长至 600 余万元，深海网箱数量增加至 200 个。公司逐步建立了较为完善的企业架构，拥有了相对固定的客户群体。管理层接受了全面的企业管理培训，出口业务能力显著提升，在国内外市场上赢得了良好的质量和信誉口碑。2020 年，公司的石斑鱼苗订单额突破 500 万元人民币，且种苗、饲料的供应渠道稳定，公司在采购方面的议价能力明显增强。

然而，公司当前面临一系列挑战：全球疫情导致对东南亚及欧洲市场的出口量下滑；中国经济持续增长背景下，饲料成本、人工成本迅速攀升，直接增加了运营成本；人民币汇率升值预期明确，出口产品的利润空间被压缩。此外，公司的盈利模式及养殖品种相对单一，主要养殖品种为石斑鱼和鲈鱼。石斑鱼种苗依赖于野生捕捞，种苗数量难以预测，合同执行存在不确定性；而鲈鱼销售则缺乏直接客户，中间商的议价能力强，增加了经营

风险。同时，气候变化导致极端天气频发，养殖环境日益复杂。

决策背景概述：

2020 年至 2021 年冬季，B 海洋渔业发展有限公司在青岛市租赁了现代化养殖大棚，用于石斑鱼的越冬养殖，共计养殖石斑鱼 30 000 余尾，生长状况良好。若继续养殖，需额外增设 50 个深海网箱。此时，一家大型养殖企业提出以每尾 25 元的价格收购公司全部石斑鱼种苗，是否出售成为一大决策点。

同时，一家欧洲客户向公司订购了 80 万尾石斑鱼苗。若接受全部订单，需增设 160 个深海网箱。然而，2021 年春节前后气温异常，导致石斑鱼产量较上一年减少了 70%，但预计秋季销售价格将有所上涨。然而，饲料价格已从上一年的 3 500 元/吨上涨至当前的 4 500 元/吨，是否接受该订单成为另一大难题。

此外，公司所在海域的部分养殖者尝试网箱养殖鲍鱼并取得了成功，收益颇丰。鲍鱼市场需求旺盛，成品价格创历史新高。若价格保持稳定，秋季鲍鱼苗的网箱养殖将具有广阔的市场前景。对于 B 海洋渔业发展有限公司而言，是否涉足鲍鱼网箱养殖成为新的战略考量。

鉴于石斑鱼、鲈鱼和鲍鱼的养殖周期较长，一旦选择养殖某个品种，将构成公司的长期战略决策。同样，若放弃石斑鱼的养殖和出口，将意味着放弃原有的销售渠道。因此，当前养殖品种的选择已成为公司层面的重大战略决策。

任务：采用 SWOT 分析法对拟养殖品种及各个品种养殖量进行决策分析。

### 📖 知识加油站

SWOT 分析法常常被用于制定企业发展战略和分析竞争对手情况，在战略分析中，它是最常用的方法之一。进行 SWOT 分析时，主要有以下几个方面的内容：

1. 环境因素深度剖析

借助多样化的调研手段，全方位解析企业所处的环境背景，这涵盖了外部与内部两大维度。外部因素，即机会与威胁，是外部环境作用于企业发展的积极与消极力量，它们属于不受企业控制的客观条件。内部因素，则涵盖优势与劣势，是企业在运营过程中自带的积极与消极特质，属于主观范畴。在评估这些要素时，既要回溯历史与现状，更要前瞻未来趋势。

优势：源自企业内部的正向驱动力，诸如稳固的市场地位、雄厚的资金支持、正面的品牌形象、技术创新能力、规模效应、卓越的产品质量、广泛的市场份额、成本领先、有效的市场营销等。

劣势：企业内部的阻碍因素，包括设备老化、管理低效、技术短板、研发滞后、资金匮乏、运营不善、库存积压、市场竞争力弱等。

机会：外部环境提供的正向机遇，如新产品面世、新市场开辟、新需求涌现、国际壁垒消融、竞争对手失误等。

威胁：外部环境中的不利变数，包括新竞争对手的涌现、替代品激增、市场萎缩、政策调整、经济下滑、消费者偏好转变、突发事件等。

SWOT 分析法的独特价值在于其全面性与系统性，它能将问题诊断与解决方案设计紧密结合，条理清晰，便于验证效果。

## 2. 构建 SWOT 矩阵框架

根据各因素的重要性、紧迫性及其对企业发展的影响程度,对所有调研得出的因素进行排序,进而构建 SWOT 矩阵。在此过程中,应优先考量那些对企业发展具有直接、重大、广泛、紧迫且长期影响的因素,而将那些间接、次要、轻微、不急迫及短期影响的因素置于其后。以某企业为例,其 SWOT 矩阵的构建如表 3-1 所示。

表 3-1　SWOT 矩阵

| 内部能力 ╲ 外部能力 | 优势(strength) | 劣势(weakness) |
|---|---|---|
| | 国内最大的股票软件商;划分为免费版和收费版,客户针对性强;日均活跃数量排名第二;查看动态行情方便,数据稳定性强;客户可自动设置"5 秒,15 秒,20 秒,30 秒以及 60 秒"等刷新间隔 | 基本不具备智能分析决策功能;系统稳定度不高,容易闪退;界面优化相对粗糙 |
| 机会(opportunity) | SO(优势+机会) | WO(弱势+机会) |
| | 数据平台强大;比较优秀的产品质量;具备市场认可的领导地位 | 品牌形象的继续拓展;竞争对手(同花顺)的相互激励;新技术的开发 |
| 风险(threats) | ST(优势+风险) | WT(弱势+风险) |
| | 超越竞争对手存在高额成本;对不同用户提供不同的产品 | 市场替代品的增加引发销售下降;强势竞争者的进入;市场外界环境的影响 |

## 3. 制订行动计划

在完成了环境因素的综合分析与 SWOT 矩阵的构建后,接下来便是制定行动策略。策略制定的核心理念在于:强化优势、弥补劣势、把握机会、抵御威胁;同时,需兼顾历史经验、立足当前实际、展望未来发展。通过系统分析的综合方法,将各类环境因素相互匹配,形成一系列推动企业未来发展的可行策略选项。

(二)成立的模拟公司,以公司为单位讨论企业经营决策的制定程序

### 知识加油站

经营管理的核心在于决策,其质量直接关系到企业整体运营效率与效益。经营计划是决策的细化体现。正如棋谚所云:"一子错,满盘输;一子妙,全盘活。"这反映了决策正确性对成败的决定性作用。明智的决策能激发企业活力,促进繁荣;反之,则可能导致企业陷入困境。

现代企业经营决策是一个连续、有序的动态流程,即决策程序,主要包括以下步骤:

(1)识别问题:通过深入调研,收集信息,发现现状与目标间的差距,明确待解决的关键问题。

(2)设定目标:基于环境条件及趋势,确立一个具体、可量化、有时间限制且责任明确的解决方案目标。

(3)确定评价标准:在目标基础上,依据客观约束条件选择价值标准,避免主观臆断

导致的决策失误。

(4)制订方案：针对目标，结合约束条件，制订多个备选方案，确保方案全面、互斥且详尽。

(5)评估方案：结合定性与定量分析，评估各方案可行性，确保决策科学性。

(6)选择最优方案：综合考虑整体与局部、长期与短期效益，权衡利弊，选出最佳方案。

(7)执行与验证：实施决策，建立反馈系统，监督执行情况，及时调整偏差。

(8)追踪决策：在执行中，若发现问题或条件变化，需进行追踪决策，调整原方案。

此八步虽为决策基本框架，但在实际操作中可灵活调整，相互渗透。整个决策过程是一个不断循环、动态调整的过程，确保各阶段协调一致，方能实现科学决策，达成目标。

(三)每个模拟公司形成一份简要的案例分析提纲

## Step2：编制企业经营计划

### (一)编制企业经营计划

以模拟公司为单位，认真分析市场需求及预测，根据企业的生产规模、产品、人力资源、财务等状况制订经营计划。企业经营计划的内容应包括准备工作、计划目标、综合平衡、编制计划、计划下发等。

### 知识加油站

企业在实施各项经营决策后，为确保决策目标顺利达成，必须规划相应的经营计划。此计划是决策的具体体现，旨在系统性地指导企业的全部生产经营活动，并作为全体员工的行动蓝图。它基于内外部环境的考量，对企业未来的生产经营作出详尽部署，进一步细化企业的经营策略、方针与目标，对资源及活动进行时空上的统筹安排。

1. 经营计划的分类

按重要性：战略性计划(全局性、长期性)、战术性计划(局部性、短期性)、执行计划(具体任务分解)。

按空间：综合计划(全面协调)、专项计划(具体活动)。

按时间：长期计划(5年以上)、中期计划(1~5年)、短期计划(1年内)。

按内容：营销、科研开发、物资供应、生产、技术改造、劳动工资、财务等计划，具体结构依企业活动而异。

2. 经营计划的编制

（1）准备工作。

①确定计划种类与组织形式：依据企业需求及内外环境，确定计划种类及参与人员、分工、程序等。

②选择制订方法：根据计划性质与问题，选用合适的制订方法，如综合平衡法、计划评审法等。

③资料准备：收集内外部信息，预测执行情况变化。

④设计指标体系：建立全面、系统的指标体系，指导生产经营活动。

⑤设计计划表格：使用计划平衡表、生产经营计划表等，综合汇总计划指标。

（2）正式编制。

①长期经营计划：分析内外环境，提出总体规划目标，包括发展、效益、员工收入、市场开拓等。由各部门编制专业计划草案，经规划部门综合平衡后形成总体规划，再经反馈修订后确定实施。

②年度经营计划：作为短期计划，是长期计划的补充与具体化。主要内容包括销售、生产、技术改造、劳动力、物资供应、财务成本等计划。通过准备工作确定目标，编制专项计划，进行综合平衡，形成综合计划草案，下发评价，并根据反馈与环境变化适时调整。

整个计划编制过程需注重灵活性与适应性，确保各阶段相互协调，以科学决策促进目标顺利实现。

3. 经营计划的内容

（1）市场营销规划。

市场营销规划依据市场需求趋势、企业产能以及过往销售数据等要素，明确了企业在规划期内需推广的产品种类、数量、定价策略、销售渠道以及销售目标等。它是编制生产规划的基石，对企业的整体经营规划具有显著的导向作用。

（2）生产制造规划。

生产制造规划是依据市场营销规划制订的，它详细阐述了企业在规划期内需生产的产品类型、数量、生产进度安排以及产能利用情况。生产制造规划是指导企业生产活动的核心文件，对于保障市场营销规划的实现及提升生产效率至关重要。

（3）人力资源与薪酬规划。

人力资源与薪酬规划基于生产制造规划和技术革新与组织优化规划，明确了企业在规划期内所需人员的数量、岗位配置、工作效率提升目标以及薪酬总额与平均薪资水平等。该规划对于激发员工潜能、提升工作效率及增强企业经济效益具有重要意义。

（4）新品研发与试产规划。

新品研发与试产规划旨在推动新产品的开发或现有产品的升级，明确了新产品的设计、研发、试制及投产前的技术筹备等。该规划对于激发企业创新活力、增强市场竞争力具有关键作用。

（5）物料采购与库存管理规划。

物料采购与库存管理规划依据生产制造规划、新品研发与试产规划及技术革新与组织优化规划等，明确了企业在规划期内所需的原材料、燃料、能源、外协件及外购件等的采购量、库存量及供应安排。该规划对于保障生产流程的顺畅及降低生产成本具有显著影响。

（6）成本控制规划。

成本控制规划基于生产制造规划、人力资源与薪酬规划及物料采购与库存管理规划等，明确了企业在规划期内生产和销售产品所需的总成本及成本控制目标。该规划对于削减成本、提升企业盈利能力具有关键作用。

（7）财务规划。

财务规划根据经营战略及市场需求，明确了企业在规划期内的资金筹集、运用、收入及支出等财务活动。该规划对于保障企业资金安全、提升资金使用效率及实现盈利目标具有重要意义。

（8）技术与组织优化规划。

技术与组织优化规划旨在提升企业的技术水平和组织效率，明确了企业在规划期内需实施的技术改进措施、组织优化方案及预期的经济效益。该规划对于提升企业生产效率、降低成本及增强竞争力具有显著作用。

（9）其他相关规划。

除了上述规划外，企业的经营规划还可能包括设备维护规划、工具制造规划、能源供应规划、动力生产计划及物流运输规划等。这些规划对于保障企业生产经营活动的有序进行及提升整体运营效率具有不可或缺的作用。

综上所述，经营规划的内容全面覆盖了企业生产经营的各个环节，是指导企业各项生产经营活动的行动指南。企业在制订经营规划时，应综合考虑市场需求、企业内外部环境及条件变化等因素，确保规划的合理性与可行性。

（二）任务：各组讨论完成公司的经营计划的编制，并派一位成员详细介绍公司编制的经营计划，全班进行讨论。

# 任务3　进行产品策划

## 情境导入

根据企业年度经营计划里的工作内容，李想所在公司需要以客户需求为导向进行产品的开发、营销策划，把企业产品成功地推向市场，李想所在的团队负责完成产品策划任务。

## 任务描述

以客户需求为导向进行产品开发并进行产品策划。

## 任务分析

企业的一切生产经营活动都是围绕产品进行的，即通过及时、有效地提供消费者所需要的产品而实现企业的发展目标。企业在生产时要以客户需求为导向进行产品的开发，形成产品的整体概念，并进行产品营销策划，这样才能将产品成功地推向市场。

### 任务实施

## Step1：以客户需求为导向进行产品开发

(一)认真阅读分析案例，回答案例提出的问题

#### 雅致女士美容剪

男士需要修剪胡须，因此会用到剃须刀；而女性通常不蓄胡须，自然无需此类工具。然而，某国际知名的雅致公司却将"美容剪"推向了女性市场，并取得了非凡的成功。

提及雅致公司，许多追求精致生活的男士或许并不陌生，该公司以生产高品质的男士个人护理产品而闻名。其创始人雅先生是创新设计的先驱，尤其擅长打造便捷、舒适且安全的个人护理工具。20世纪80年代，雅致公司凭借一系列男士理发剪和修剪工具，赢得了广泛的赞誉。至20世纪90年代末，雅致公司的销售额已突破10亿元大关，成为业界的佼佼者。然而，雅致公司的管理层并未止步于此，他们一直在寻找新的市场机会，以进一步扩大品牌影响力。

就在21世纪初，雅致公司作出了一项看似不可思议的决策——推出面向女性的专用"美容剪"。这一决策初看之下似乎有些离经叛道，但实际上却是基于深入的市场洞察和精准的需求分析。

雅致公司耗时两年，进行了全面的市场调研。他们发现，在全球数亿追求美丽的女性中，有相当一部分人为了保持整洁的形象，需要定期修剪眉毛、鼻毛和腋毛。然而，当时市场上的相关工具大多设计粗糙，无法满足女性的审美和实用需求。在这些人中，除了一部分使用电动修剪器或化学脱毛产品外，还有大量女性不得不使用传统的男士理发剪或剪刀来应对这些问题，这既不方便也不安全。

进一步的数据显示，女性每年在化妆品和美容产品上的花费高达数百亿美元，而专门用于毛发修剪的工具却相对较少。相比之下，这是一个极具潜力的市场空白，基于这些发现，雅致公司开始着手设计新产品。

他们设计的"雅致美容剪"在刀头部分采用了精密的刀片技术，确保修剪精准且安全。刀架则采用了时尚的粉色或紫色，并融入了优雅的曲线设计，以符合女性的审美偏好。此外，他们还特别设计了符合女性手部曲线的握柄，并在握柄上镶嵌了精美的水钻，增添了几分奢华感。这样一来，新产品不仅满足了女性的实用需求，还展现了其独特的时尚魅力。

为了推广这款新产品，雅致公司制定了详细的营销策略。他们强调了"雅致美容剪"的"精准修剪""安全无痛"以及"时尚设计"等卖点，并通过社交媒体、美容博客和时尚杂志等渠道进行广泛宣传。同时，他们还邀请了知名时尚博主和美容专家进行产品试用和推荐，进一步提升了产品的知名度和美誉度。

结果，"雅致美容剪"一经推出便迅速走红，不仅在国内市场取得了巨大成功，还迅速拓展到了国际市场。这一看似荒谬的决策最终取得了令人瞩目的成果，证明了雅致公司在市场洞察和产品创新方面的卓越能力。

任务：各模拟公司讨论完成下面问题：

雅致公司推出面向女性的专用"美容剪"，这一看似不可思议的决策为何能够最终取得巨大的成功？

（二）通过各种渠道，收集有关所在公司客户需求的资料，以模拟公司为单位进行讨论

### 知识加油站

准确收集客户需求信息，对企业在战略方向、产品研发、生产制造、产品销售等方面的决策都有很大的帮助作用。只有在准确识别客户需求的前提条件下，才谈得上满足客户需求。那如何来收集客户需求，帮助企业进行准确决策呢？通常有九种客户需求收集的方法。

方法1：与客户进行沟通收集客户需求。

收集客户需求最为直接的方法就是与客户面对面沟通交流，在与客户沟通前，最好是能先设计好沟通话术，这些话术内容要紧密结合我们需要了解的信息，从而在沟通交流中去识别客户的需求。另外，在人员的选择上最好是选择一些有亲和力、沟通能力强的人员执行该项任务。

方法2：从消费数据中去收集客户需求。

客户的消费数据都包含了大量的客户需求信息，什么规格的产品销量好？什么颜色的产品选购的人更多？客户是否申请了质保延期等，这些销量信息都包含了大量的需求信息。比如，红色的产品销量更高，则说明大部分客户的需求是红色的。依次类推，通过这种方法对所有消费信息进行统计分析，从而更为全面的找出客户需求。

方法3：采用问卷调查收集客户需求。

企业根据产品和行业特点等信息，设计一套针对性较强的调查问卷。调查问卷的题型最好是设计成选择题的形式，尽可能不要出现问答题的题型，因为客户会嫌填写这种题型麻烦，很可能放弃不填写。另外，还要注意调查问卷题量不要太大，最好是控制在10项左右，题量太大客户就没有耐心填写下去，很可能出现乱填的现象，导致识别的需求不准确。

方法4：通过行业协会收集客户需求。

每个行业都有相应的行业协会，而行业协会主要承担了招商引资、帮助企业进行市场分析、收集客户需求信息等职责，而且行业协会掌握了更多的资源，平台更大，就有机会获取更多的信息。企业可以直接通过行业协会索要相关资料，从而获取客户需求信息。

方法5：通过大数据收集客户需求。

和各种搜索引擎、网购平台等进行合作，由于搜索引擎和网络平台比较大，每天都会接受各种信息查询，自然通过收集用户的查询信息就能了解用户在关注什么，对什么感兴趣。只要对这些数据进行分类、统计和分析，最终就能找出客户的需求点。

方法6：通过邮件收集客户需求。

邮件收集客户信息的方法是指，企业设计出适合于用户填写的调查问卷，通过邮件的形式发送给客户，由客户来填写需求信息，填写完成后通过邮件寄回。为让客户能够认真填写问卷信息，企业可以为填写信息的客户准备一些小礼品，对客户的付出表示感谢。最后再将所有邮件进行汇总分析，从而找出客户的需求信息。

方法7：通过销售人员收集客户信息。

销售人员是"冲锋"在"一线"的"战斗人员"，是离"炮火声"最近的人员。他们在销售产品的时候免不了客户会提出一些建议和意见，销售人员只要将这些信息进行记录，积累

一段时间之后就将这些记录进行汇总，按提出次数进行排序，出现次数最多排序靠前的几位建议就是大部分客户的需求，对这些问题要引起高度重视。

方法8：通过售后服务收集客户需求。

售后服务有三种方式可以收集客户需求信息，一是通过现场售后服务人员收集；二是通过客服电话收集；三是通过客户投诉收集。这三种方式都可以直接听到客户的不满、客户的抱怨，客户的抱怨和不满都是产品实际与客户心理预期向相比较的结果。例如客户抱怨产品寿命短，则说明客户需求是希望能够提供质量更好、寿命更长的产品。

方法9：通过客户评价收集客户需求。

现在有很多的电商平台，而基本所有的电商平台都有客户评价功能，通过去这些电商平台查看客户评价，从客户评价读取客户的关注焦点，从而找到客户需求信息。

(三)各模拟公司根据客户需求调查结果进行产品开发，设计一款新产品

### 知识加油站

创意是产品设计的灵魂，而以创意为源动力的产品设计是永无止境的。没有最好的产品，只有更好的产品。今天的产品设计，不是终点而是未来设计师的起点。随着人们需求的变化，产品也需要不断创新，以满足人们日益提高的消费需求。而设计一款新产品从来不是一件容易的事，它需要综合考虑各方面的问题。下面简述在新产品设计过程中，需要考虑的几个问题。

在新产品设计过程中，设计师首先要考虑的是这个产品创意是否符合消费群体的使用需求，有没有抓住人们消费痛点。其次，则需要考虑在当前的技术条件下，该产品创意能否落地，制作成本是否过高，能否实现批量生产。这都是在新产品设计之初就要考虑的问题，简而言之，产品设计不能脱离现实制造水平。最后，产品的整体设计是否符合人体工程学，能否为用户提供稳定安全、简便舒适的使用体验。产品的人机问题贯穿于设计的整个过程，设计师应以人为本，从用户的角度思考问题及解决方案。

此外，产品外观是否新颖，是否符合消费群体的审美需求，是否符合时代审美趋势。这可以从产品造型、色彩、材质及工艺等方面进行思考。产品外观设计的创新是非常重要的。当前，我们所说的产品设计创新，更多的是指产品外观创新方面。一个好的产品外观创意可以赋予产品独特的魅力，使产品个性鲜明，从众多产品中脱颖而出，给人以深刻的印象，甚至可以树立企业的品牌，提高产品的附加值，提高产品的核心竞争力。

当然，在新产品的设计过程中，会遇到各种问题，需要考虑的问题也有很多。比如，协同创新的问题，新产品的设计很难由个人独立完成，通常需要团队协作共同完成。这些都需要在具体的新产品设计的实际情况进行综合考虑。

### Step2：了解产品生命周期，进行产品策划

任务：各模拟公司进行讨论，每位组员为模拟公司设计一份产品策划方案。

### 知识加油站

产品策划是指企业从产品开发、上市、销售至报废的全过程的活动及方案。产品策划也可称为商品策划。产品策划分为两类：一类是产品研发策划，主要是针对市场需求，以

细分市场为基础，形成一个产品开发的整体思路，以期拓展新的增长点；另一类是产品营销策划，即谋划通畅的销售渠道、持续的销售态势和维持产品设计的理想化售价，通俗讲，就是如何能更好地将产品卖掉，并在销售过程中，塑造新的品牌形象。

产品生命周期的四个阶段：导入期、成长期、成熟期、衰退期。产品生命周期亦称"商品生命周期"，是指产品从投入市场到更新换代和退出市场所经历的全过程。是产品或商品在市场运动中的经济寿命，也即在市场流通过程中，由于消费者的需求变化以及影响市场的其他因素所造成的商品由盛转衰的周期。产品生命周期如图 3-2 所示。

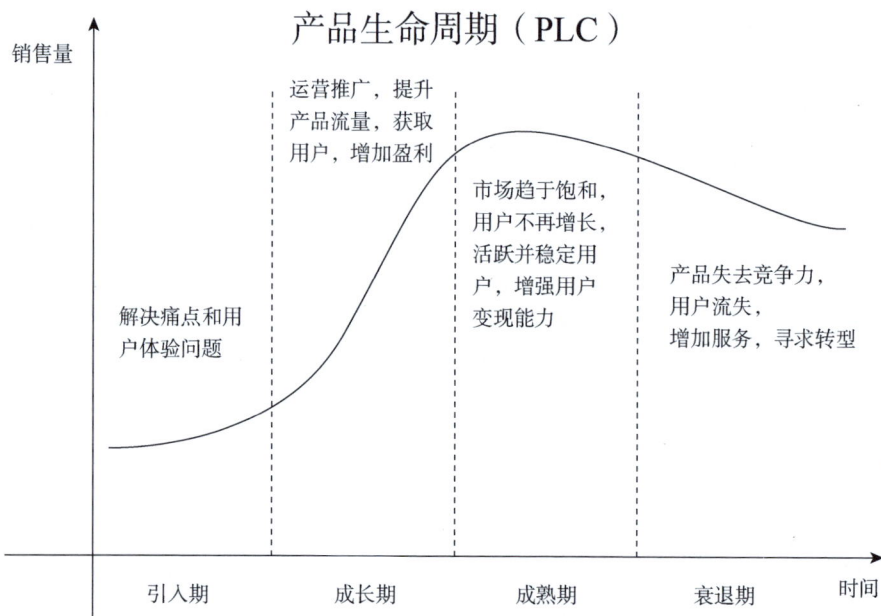

图 3-2　产品生命周期

**操作范例**

## 2020 护肤产品策划书

**一、宏观市场分析**

（一）整体市场分析

×××自××年进入中国市场以来，销售拉动广告铺天盖地，塑造了其强大的品牌优势，相对低廉的产品价格，众多的零售网点，出彩的终端活动，这些促进销售的法宝在×××集合为一身。×××在国内彩妆产品市场整体份额占有率达 20% 强，在很多二级城市，×××的市场份额占有率达到 60% 以上，而专柜销量更是占到了×××整体销量的 60% 以上。×××有强大的广告支撑品牌拓展，有×年的国内销售经验，有大众化的产品定位，盘踞着各地大中型商场超市的专柜，强大的比我们还熟悉国内消费者的需求，强大到可以成为市场走向的风向标。

（二）高校化妆品消费市场分析

化妆品正在成为大学生群体中的又一新兴消费热潮。在目前金融危机加剧，就业压力增强的环境下，使用化妆品的现实意义已经从美容、礼仪的角度，扩展到个人素养、就业竞争力等方面。大学生的化妆品消费不仅形成了一个在彩妆品牌认知度上,大家的认知还是较为广泛的。但在实际购买行为中,消费者选择的规模可观的细分市场,甚至对整体市场也发生着影响。大学生们青春时尚,接受过良好的教育,社会关注程度高,如果通过大学生的消费取向影响年轻人群体的消费潮流,无疑将获得巨大的市场效果。因此,大学生消费者不仅具有现实的市场价值,对于企业竞争优势的建立或者品牌形象的塑造,都是值得重视的合作对象。

(三)高校彩妆问卷调查结果分析

1. 市场容量

市场容量是指市场总量与该品牌的市场份额的乘积。市场容量除了包括消费群容量还包括潜在消费群容量,在不使用彩妆产品的人群中(我们把他们定为潜在消费群)这类群体的个体数量相当可观,占到全体的48.5%,通过问卷的数据反馈,我们了解到她们不使用彩妆的原因主要为:"认为平淡也是一种美,不必要刻意修饰。"(有55.6%的潜在消费者选择此项);"平时太忙,没时间化妆"和"不会化妆"也分别占到29.4%和27.6%。尽管她们不使用彩妆,但绝大部分的人都没有认为"在这方面花钱不值得",选这项的人仅仅占3%左右,这说明不使用彩妆或许是一种很无奈的选择,内心的潜意识还是向往,毕竟爱美是女人的天性。

2. 品牌认知

在彩妆品牌认知度上,大家的认知还是较为广泛的。但在实际购买行为中,消费者选择的多人都首先写到"×××",不难看出其品牌深入人心,但是提到要购买的化妆品牌时,绝大部分的学生并没有选择×××这样的牌子。大学生是化妆品市场消费的潜力群体,如果哪个化妆品牌能开拓这个消费市场的话是个不错的主意。

**二、×××彩妆产品 SWOT 分析**

(一)优势(Strength)

(1)×××的彩妆产品已经全面采用全成分标识,这在国内品牌中还比较少见。

产品定位清晰:彩妆品牌定位为18~30岁使用彩妆的女性。

(2)×××一贯坚持纯天然、健康的理念,无论从店铺装修还是产品的包装都是采用天然健康的环保料。

(3)以高品质,合理价位,简洁设计和丰富多彩的颜色为基本概念,充分展现个性感觉,引领时尚潮流,符合大学生的消费观点。

(二)劣势(Weakness)

(1)销售经验相比其他公司人员有劣势。

(2)市场份额及情感份额不够。

(3)消费者对于彩妆的质量要求更甚于护肤品,所以对彩妆的选购多集中于知名品牌。

(4)×××主要是选择专柜渠道,销售点较少。

(三)机会(Opportunity)

(1)该产品采用全新的消费理念和更注意大学生的心理诉求,容易被消费者接受。

(2)中国化妆品市场平均年增长幅度保持在13%~15%,而彩妆市场有50%的增长率。

(3)大学生的消费意识比前辈更加前卫而且大胆,这是彩妆市场蓬勃发展的消费能力基础。

（四）挑战（Threaten）

（1）彩妆在大学生心中没有形成清晰的概念，新产品推出来占有空间相对较少且市场培育期较长。

（2）美容类产品属广告性产品，营销资源投入较大。彩妆市场"洋土"品牌竞争激烈。

### 三、营销策目的

本次策划的目的是让更多的大学生了解、使用"×××"这一化妆品。争取在校园营销活动中在校园内打响产品。

### 四、营销策划战略

目标市场：国内各高校

销售渠道与策略：

（1）×××进入大学校园选择的最佳销售渠道是校园超市和连锁便利店，以及结合商超、小终端、美容专业线几种渠道之优势所在。

（2）采用广告开道，促销活动策略，自我销售策略，网络销售策略。

品牌定位：中低档，定位于大众品牌，通过各种超市渠道加大其在校园的渗透力度，让每一个大学生在任何一个地方都能买到它的产品。

广告策略：采用最新广告策划方案，增加×××的知名度，广告采用亚洲明星代言，强调×××的适用对象，在大学校园多做促销活动，进行彩妆知识宣传，突出×××彩妆的优点和特色，让×××大众化而非大路化。

专柜陈列策略：以试用装陈列为主体，专柜要简洁而不简单，品牌形象突出，并采用专柜销售和广告影响相互促进的销售策略。

媒体策略：在大众平面杂志媒体上投放品牌推广性广告为主体，专柜及活动现场播放化妆科普宣传片为辅助，并结合实用的化妆演示推广。

促销活动策略：以根据季节变换推广妆容为主要活动引导，以妆容产品礼包作为主要促销形式，派发传单，以抽奖活动气氛强烈。

## 项目实训

### 【实训内容】

各模拟公司根据市场调研，进行企业经营决策，编制企业年度经营计划书。

### 【上交实训任务】

产品策划方案1份。

### 【实训要求】

（1）各模拟分工协作完成任务。

（2）时间：6学时（其中，3学时完成市场调研和企业决策，3学时完成编制产品策划方案）。

（3）文字资料设计合理，内容全面，表述清楚。

### 【评价标准】

（1）文字材料50%+实训态度10%+模拟公司协作效果20%+成果汇报效果20%，评价标准如表 3-2 所示。

表 3-2　评价标准

| 项目 | 比例 | 评分标准 |
|---|---|---|
| 文字材料 | 50% | 结构完整、内容表述清楚、条理清晰、排版规范 |
| 实训态度 | 10% | 工作主动、积极参与并完成任务 |
| 模拟公司协作效果 | 20% | 团队分工明确、合作能力强 |
| 成果汇报效果 | 20% | 语言表述流利准确、PPT 制作精美 |

（2）教师评价 60%+小组互评 20%+自评 20%。

# 项目四　制订生产决策与计划

## 项目任务

李想所在的公司经过前期市场调研制定了企业的经营战略，接下来要根据企业经营战略及企业内外经营环境的状况确定企业的生产方向、生产目标、生产方针及生产方案。

## 项目描述

任务1：物资采购管理

任务2：编制生产作业计划

任务3：仓储管理

实训目的和要求：

通过团队组建实训项目，使学生熟悉制订生产决策与计划的全过程，培养学生分析与解决问题及团队合作的能力；要求模拟公司开展物资采购，编制生产作业计划，进行仓储管理。

## 任务1　物资采购管理

### 情境导入

公司采购部根据企业的经营战略制订生产方案，进行物资采购。

### 任务描述

模拟公司根据产生方案进行用料分析，制订采购计划并组织采购。

### 任务分析

物资采购的好坏不仅关系着生产能否正常进行和资金周转的快慢，还直接影响着产品质量的优劣、成本的高低和企业的盈亏。要求掌握物资采购的一般流程。

## 任务实施

### Step1：采购技巧

采购，作为一种交换行为，旨在为企业运营于适当时机、地点及价格上，获取质量与数量均适宜的物资与服务资源。执行此任务的采购专员，需具备成本意识与价值评估能力、预测预判力、有效沟通表达技巧、出色的人际协调与团队协作能力，以及深厚的专业知识基础。此外，制订科学的采购规划，遵循 5R 原则（适时、适质、适量、适价、适地），精心遴选并管理供应商，持续优化采购流程，确保在不干扰企业日常运营的前提下，实现采购成本的有效降低，是采购人员肩负的重要职责。其职责范畴广泛，涵盖采购计划的制订与需求验证、供应商的选择与管理、采购数量的调控、品质监控、价格谈判、交货期的把控、成本节约、合同管理以及采购记录的维护等。

采购流程则细分为多个关键环节：信息搜集、询价、比价、议价、供应商评估、样品索取、决策制定、申购、订购、沟通协调、交货催促、入库检验以及财务结算等。

在采购实践中，为达成成本节约的目标，采购人员需采取一系列策略：事先规划详尽的采购方案，调研市场动态，洞悉影响成本的关键因素；事中则通过广泛询价，设定合理的底价或预算，并灵活运用议价策略；事后则选定性价比高的供应商签订协议，充分利用数量折扣或现金折扣机制。

至于供应商的选择，其过程涉及多种途径：利用既有资源、公开招标、行业推荐、专业文献研读、行业协会或专业采购顾问公司咨询，以及产品展会参与等。供应商类型多样，包括原材料供应商、小型服务提供商、临时性供应商等。遴选合格供应商的标准聚焦于企业领导力、管理层素质、员工稳定性、生产设备状况、技术水平、管理体系的完善度。进一步分析则需考量供应商的价格竞争力、产品质量、服务水平、地理位置、库存管理策略、生产灵活性等因素。理想的供应商应在满足 5R 原则的基础上，提供技术支持、市场信息分享，并愿与企业共担风险，如此方能确保供应商选择的优化。

### Step2：编制采购计划

（1）在各模拟企业中，分别设定销售专员、生产管理人员以及物料规划专员等关键职能角色。

（2）销售专员负责进行销售预估活动，编制销售计划书，以预测未来一个月内公司产品的市场需求量。

（3）生产管理人员依据销售计划书，精心规划生产活动安排，即制订下月的生产计划，旨在确保模拟企业在满足市场需求的同时，实现生产成本的最优化控制。（假设当前库存量为零）

（4）待生产计划编制完毕后，物料规划专员将开展用料分析工作，并绘制产品结构拆解图示。

（5）组织市场调研活动，依据调研成果编制产品的外购组件与原材料价目清单。

（6）制订物料库存管理计划及材料使用计划。

（7）明确物料采购的具体时间节点与数量规模。

（8）填写物料需求计划表。

### 知识加油站

俗话说："凡事预则立，不预则废。"做事一定要有计划，采购工作也不例外。事先编制采购计划，明确采购需求，为采购工作提供依据，使采购工作有条不紊地进行，是做好采购管理的第一步。那么，如何编制采购计划？编制采购计划有何作用和依据？编制采购计划包括哪些内容和步骤？编制采购计划需要从五个方面入手：

（1）了解编制采购计划的作用，事实上，无论是什么公司，采购时都需要有一定的计划性，因为采购计划对后续工作有非常重要的作用：

①一个合适的采购计划可以帮助公司预估用料数量和交货日期，防止物料短缺，确保生产进度和发货速度。

②有计划地采购还可以避免库存过多，占用库存空间，影响仓库的合理利用。

③根据计划进行采购，可以有效配合财务部的资金运作，避免占用过多的流动资金，导致资金链断裂。

④采购计划还可以指导采购人员的日常工作有序进行，而不是毫无计划地想到什么买什么。

（2）编制采购计划还要有所依据，决不能凭空杜撰。一般情况下，采购计划要参照以下五个方面的内容来制订：

①要以公司经营计划为最高标准，任何工作和计划都要围绕公司的年度经营计划来开展。

②要根据当下销售市场的大小，预测未来的销售市场，预估采购物料的种类、数量和采购时间。

③采购计划还要参考采购预算和公司资金周转情况，计划采购量过多或太少都会影响公司效益。

④库存情况也是采购计划的重要参考。

⑤编制采购计划还要优先考虑紧急物资，以免影响公司正常的生产运作。

（3）采购计划根据时间长短不同有五种类别，分别是：

①年度采购计划。

②季度采购计划。

③月度采购计划。

④日采购计划。

⑤日常经营需求计划。

我们编制计划时不能太笼统，要考虑到可行性。可以先制订大的年度采购计划，再将其细分，把每天、每月、每季度要做的事都安排好。

（4）一份合格的采购计划，应该包括四个方面的内容：

首先，采购计划要按照生产需求标明所需物料的名称、质量标准、数量、规格型号等要素。

其次，采购计划一定要包含资金预算和支付情况，主要有物料单价、总金额、付款时间、付款方式等方面，这样有利于财务部门提前做好资金准备，并及时地支付采购款项。

再次，物料用途和存储方式一定要在计划中写明白。不然物料采购回来，却不知道是做什么用的，也不知道该提供怎样的库存环境来存放物料。

最后，到货日期和使用部门也很重要，它能保证供应商及时发货，仓储部门也能事先协调好库存空间，并送达需要使用物料的部门。

（5）采购计划一般有四个步骤：

第一步，参考以前的销售情况，分析出明确的销售计划，为采购计划提供参考。

①先统计出销售产品的类别。

②再预估各类产品的销售量，并分解产品，算出详细的物料使用量。

③然后预估各类产品的销售期，从而明确采购日期和到货日期。

第二步，明确生产计划。

①明确所需物料的类别、质量标准、数量、规格型号等，确保采购的数量能满足生产所需，确保采购的物料规格型号正确并符合质量标准，避免退货、换货时延长前置期。

②明确采购物料的到货日期，有助于合理利用库存空间。

第三步，正式开始制订采购计划。

①根据销售计划和生产计划，确认详细的采购要素。

②再依据采购要素作出采购预算。

③还要征求相关部门对采购要素和采购预算的意见。

④最后将定稿交由领导审批该计划是否与公司整体计划相冲突，如果没有问题，领导就可以签字批准采购部执行此计划。

最后一步，采购计划进行的过程中和完成后，采购部都要进行跟踪。如果采购过程中出现采购数量不足、物料规格型号不正确等问题，要及时更正采购计划，并知会相关部门；如果采购完成后发现问题，可以及时补救，为以后编制采购计划提供借鉴。

### Step3：组织采购

（1）各模拟进行角色划分，分别扮演企业领导、物料管理部门工作人员、采购部门工作人员、库房管理人员和供应商。

（2）物料管理部门负责确定所需采购物资的种类与数量，并向采购部门提交物资申购清单。

（3）采购部门随后将采购规划方案提交至具有审批权限的企业高层管理者进行审阅。

（4）采购专员依据经过高层批准的采购规划，通过多种信息渠道搜集供应信息，选定供应商并确定最佳采购时机。

（5）与供应商签订采购合同，通过询价、报价、比价流程确定采购价格；依据5R原则（适时、适质、适量、适价、适地）制定合同条款，并以正式文件形式签字并加盖公章。

（6）向供应商发送采购订单，同时抄送企业会计部门、物资使用部门、收货部门，并保留订单原件以备后续查证。

（7）对订单执行情况进行跟踪，实施进货控制，确保供应商按时交付货物。

（8）核对并完成采购交易流程，依据验收单据或品质与数量检验报告，核实供应商交货情况，并对不合格产品进行妥善处理。

（9）货物到达后，与仓储管理部门进行交接，将采购的物资正式入库存储。

# 任务 2　编制生产作业计划

## 情境导入

李想所在公司的生产部根据企业的经营战略制订的生产方案及物资采购，编制生产计划。

## 任务描述

模拟公司根据产生方案进行用料分析并进行了物资采购，收集所需要的各项资料，核算、平衡生产能力，制定期量标准和编制生产计划。

## 任务分析

生产作业计划是生产计划体系中的后续环节，是对企业年度生产计划的具体化实施策略。它扮演着协调并引导企业日常生产活动的核心角色。该计划依据年度生产计划所设定的产品类型、数量以及大致的交付期限要求，针对各个生产单元，在特定的时间周期内，详细规定了生产任务的具体安排，以确保年度生产计划得以有效贯彻。相较于生产计划，生产作业计划展现出三个显著特点：规划周期较短、规划内容更为具体详尽、规划单位更为细化。其主要职责涵盖：对生产作业准备工作的审核与检查；制定并确立生产期量标准；以及进行生产能力的精确核算与平衡调整。

## 任务实施

### Step1：确定生产计划标准指标

生产计划的主要指标有：产品品种、产品质量、产品产量与产值等，它们各有不同的经济内容，从不同的侧面反映了企业计划期内生产活动的要求。

#### （一）产品多样化指数

产品多样化指数是衡量企业在计划周期内计划生产的各类产品及其规格型号的具体指标，反映企业满足市场需求多样性的能力，体现其专业协作深度、技术创新力与管理效能。推动产品迭代更新，对响应国家建设需求、提升民众生活质量具有重要意义。

#### （二）产品质量标准指数

产品质量标准指数衡量企业在计划周期内产品应达到的质量规范与标准，全面体现产品的内在品质与外观特性。产品质量是衡量产品使用价值的关键，确保并提升产品质量是企业完成生产任务、满足社会需求的核心环节，同时反映企业的技术实力与管理效能。

#### （三）产量实物量指数

产量实物量指数是企业在计划周期内计划生产的可供销售的工业产品实体数量及工业服务量的具体指标，通常以实物单位计量。该指数是衡量企业生产成果、国家物资供需平衡调控及企业供产销平衡、生产作业计划编制与日常生产活动组织的重要依据。

### (四)企业产值综合指数

企业产值综合指数是全面衡量不同种类产品总体生产成果的价值指标，包括商品产值、总产值与净产值。

商品产值：衡量企业在计划周期内生产并可供销售的产品及工业服务所蕴含的价值总量，是评估企业向市场提供商品总量的标尺。

总产值：反映企业在计划周期内应完成的工作量总和，体现生产活动的总体规模与水平，是计算生产发展速度及劳动生产率的关键依据。

净产值：衡量企业在计划周期内新创造的价值总量，采用生产法或分配法计算，反映企业扣除物质消耗后的新增价值。

### Step2：编制生产计划步骤

B 企业是一家专注于金属制品制造与销售的公司，其业务活动呈现出鲜明的季节性特征，尤其是受到中国传统节假日如春节的影响显著。春节期间，受社会习俗驱动，相关行业普遍减少资本支出与固定资产投资，导致 B 企业在该时段接收的订单量显著下降，进入业务淡季。然而，在这一时期，尽管订单量锐减，公司却面临一个悖论：即便未安排加班，既定的月度生产计划也难以完成，且部分产品的交付时间被严重滞后，尤其是在月末，为了满足紧急需求的客户，生产线上常常采取"救火式"策略，优先处理急单，这导致众多客户因未能按时收货而表达不满。

深入分析后，揭示出生产计划管理中存在的若干关键问题。一方面，部分客户习惯于月末才提交下月订单预测，这直接导致生产计划制订时，当月已接近过半，严重压缩了生产准备与调整的时间窗口。另一方面，当月中频繁出现的订单追加情况，迫使 B 企业不断调整既有生产计划，以响应这些新增需求。这种频繁的调整不仅降低了生产计划的执行效率，内部表现为既定生产任务无法按时完成，外部则体现为供应链紊乱，无法确保对客户承诺的交货期，进而引发客户不满，甚至导致部分客户流失，转投竞争对手，对 B 企业的市场份额与品牌形象造成了不可忽视的损害。

任务：各模拟公司讨论完成以下问题：

(1)企业生产计划的编制流程是什么？

(2)该集团生产计划失败的原因是什么？

(3)各模拟公司根据公司情况编制生产计划。

## 任务 3  做好仓储管理

### 情境导入

公司采购部生产计划根据企业的经营战略制订了生产方案，进行了物资采购，接下来需要做好仓储管理。

### 任务描述

模拟公司需要开展仓储入库和出库作业管理。

## 🖥 任务分析

仓储管理指的是对仓储货物的收发、结存等活动的有效控制，其目的是为企业保证仓储货物的完好无损，确保生产经营活动的正常进行，并在此基础上对各类货物的活动状况进行分类记录，以明确的图表方式表达仓储货物在数量、品质方面的状况，以及所在的地理位置、部门、订单归属和仓储分散程度等情况的综合管理形式。

## 📖 任务实施

### Step1：仓库入库作业管理

#### 模拟训练——进料作业流程模拟

（1）模拟公司并进行角色划分，分别扮演供应商、仓库主管、入库专员。

（2）仓库主管接到采购部的接货通知后，按照货物到货时间、数量、品种、规格、性质等要求制订入库计划，并进行人员组织、储位设置、设备搬运、用具配置等准备工作。

（3）货物到达后，仓库主管安排入库专员按规定接货，并与供应商办理交接手续。

（4）仓库主管负责审核货物单据是否齐全，如果单据齐全无误，则对现场货物进行数量核对，并作好记录。

（5）仓库主管确认货物验收无问题后，在收货单上签字。

（6）入库专员根据货物分类安排货物储存并进行摆放。

（7）仓库主管填写入库单，登记相关明细账。

### 📚 知识加油站

#### 入库管理流程

（1）采购部门在下达订单前，需审慎核查当前库存水平，确保采购决策基于销售预测与实际需求，实现以销定采。

（2）在订单审核阶段，采购部门应综合考虑企业运营现状及市场需求趋势，合理确定进货量，有效规避库存积压与商品滞销风险。

（3）订单信息录入系统后，采购部门应及时通知供应商确切的送货时间，并同步告知仓库管理部门做好接收准备。

（4）商品抵达仓库时，收货人员需执行严格的入库前检验程序，重点检查商品外包装完整性，包括但不限于破损、原装数量短缺、临近保质期等问题。

（5）若发现上述问题，收货人员应立即拒绝接收，并立即向采购部门报告；因收货人员疏忽未执行检验而导致的经济损失，应由其个人承担。

（6）确认商品外包装无异常后，收货人员需依据订单、随货单据等文件，逐一核对商品名称、等级、数量、规格、金额、单价及有效期等信息，确保无误后方可办理入库手续。

（7）若发现单据与实物不符，收货人员应立即上报采购部门处理；因未执行核对程序而直接入库导致的货单不符，相关责任由收货人员承担。

（8）商品搬运与堆码应遵循外包装标识及仓库管理规定，确保遵循先进先出原则及安全堆放距离要求。违反规定操作导致的商品损坏，由收货人员负责。

（9）入库商品明细需由收货人员与仓库管理员共同核对并签字确认，确保账实相符。验收无误后，仓库管理员依据验收单据及时入账，详细记录商品信息，包括但不限于名称、数量、规格、入库时间、单证编号、验收状态及存货单位等，确保账实一致。未按规定执行验收程序导致的经济损失，由仓库管理员承担。

（10）在单据流转过程中，应严格按照收货仓库管理流程执行，确保每个环节的处理时间不超过一个工作日，以提高整体作业效率。

## Step2：仓库出库作业管理

### 模拟训练——物料领用管理流程模拟

（1）模拟公司并进行角色划分，分别扮演仓库主管、出库专员、仓储部经理、车间主任、生产车间工作人员。

（2）仓库主管制定《物料领用管理制度》，上报仓储部经理审批后生效执行。

（3）生产车间根据生产需要，依照领料单填写标准填写领料单。

（4）车间主任在领料单上签字，确认领料事宜。

（5）仓库主管对出库单进行审核无误后，签发出库凭证。

（6）出库专员对物料领用和出库凭证进行审核，核对无误后开始准备发料。

（7）物料复核无误后，出库专员与领料员办理物料交接手续，并在相应的单据上签字核实。

（8）仓库主管进行明细账登记工作。

## 知识加油站

### 出库管理流程

（1）业务部开具出库单或调拨单，或者采购部开具退货单。

（2）单据上应该注明产地、规格、数量等。

（3）仓库收到以上单据后，在对出库商品进行实物明细点验时，必须认真清点核对准确、无误，方可签字认可出库，否则造成的经济损失，由当事人承担。

（4）出库要分清实物负责人和承运者的责任，在商品出库时双方应认真清点核对出库商品的品名、数量、规格等以及外包装完好情况，办清交接手续。若出库后发生货损等情况责任由承运者承担。

（5）商品出库后仓库管理员在当日根据正式出库凭证销账并清点货品结余数，做到账货相符。

（6）按出货仓库管理流程进行单据流转时，每个环节不得超出一个工作日。材料领料单如表4-1所示。

表4-1 材料领料单

工程项目

| 序号 | 材料名称 | 规格 | 单位 | 请领数量 | 实发数量 | 单价 | 金额 | 领料签名 | 日期 | 备注 |
|------|---------|------|------|---------|---------|------|------|---------|------|------|
| 1 | | | | | | | | | | |
| 2 | | | | | | | | | | |

| 序号 | 材料名称 | 规格 | 单位 | 请领数量 | 实发数量 | 单价 | 金额 | 领料签名 | 日期 | 备注 |
|------|----------|------|------|----------|----------|------|------|----------|------|------|
| 3 | | | | | | | | | | |
| 4 | | | | | | | | | | |
| 5 | | | | | | | | | | |
| 6 | | | | | | | | | | |
| 7 | | | | | | | | | | |
| 8 | | | | | | | | | | |
| 9 | | | | | | | | | | |
| 10 | | | | | | | | | | |
| 11 | | | | | | | | | | |
| 12 | | | | | | | | | | |
| 13 | | | | | | | | | | |
| 14 | | | | | | | | | | |
| 15 | | | | | | | | | | |
| 16 | | | | | | | | | | |
| 17 | | | | | | | | | | |
| 18 | | | | | | | | | | |
| 19 | | | | | | | | | | |
| 20 | | | | | | | | | | |
| 21 | | | | | | | | | | |
| 22 | | | | | | | | | | |

## 仓储管理原则

1. 通道导向性存储策略

为确保物品出入库作业流畅及库内移动便捷，基本策略是将物品以通道为导向进行存储布局。

2. 空间最大化利用与保管效率提升

为有效利用仓库空间，应尽可能采取高层堆叠方式，同时，为确保物品安全无损，应优先考虑使用棚架等辅助存储设施。

3. 基于出库频率的位置优化

高频物品近口策略：针对出货与进货频率高的物品，应配置于靠近仓库出入口的易作业区域。

低频物品远置策略：流动性较低的物品则适宜放置于距离出入口较远的位置。季节性物品灵活布局，依据季节性特点，适时调整物品存放位置以匹配市场需求。

4. 同类物品集中存储

为提高作业效率与保管效率，同类或相似物品应集中存放于同一区域。员工对库内布局的熟悉程度直接影响出入库效率，因此，相邻存放相似物品是提升效率的关键措施。

**5. 重量级物品低位存储**

在安排存储位置时，应遵循重物低置、轻物高放的原则。对于需人工搬运的大型物品，应以腰部高度为基准进行布局，这既是提高效率的要求，也是确保作业安全的重要原则。

**6. 形状适应性存储**

根据物品形状进行存储设计同样重要，例如，标准化商品应利用托盘或货架进行有序存储。

**7. 先进先出原则的实施**

对于易变质、易破损、易腐败以及机能易退化的物品，应遵循先进先出原则，加速库存周转，减少损失。

## 项目实训

**【实训内容】**

各模拟公司开展物资采购，编制生产计划，进行仓储管理。

**【上交实训任务】**

生产作业计划1份。

**【实训要求】**

(1)各模拟分工协作完成任务。

(2)时间：6学时(其中，2学时完成物资采购，3学时完成编制作业计划，2学时完成仓储管理)。

(3)文字资料设计合理，内容全面，表述清楚。

**【评价标准】**

(1)文字材料50%+实训态度10%+模拟公司协作效果20%+成果汇报效果20%。评价标准如表4-2所示。

表4-2 评价标准

| 项目 | 比例 | 评分标准 |
|---|---|---|
| 文字材料 | 50% | 结构完整、内容表述清楚、条理清晰、排版规范 |
| 实训态度 | 10% | 工作主动、积极参与并完成任务 |
| 模拟公司协作效果 | 20% | 团队分工明确、合作能力强 |
| 成果汇报效果 | 20% | 语言表述流利准确、PPT制作精美 |

(2)教师评价60%+小组互评20%+自评20%。

# 项目五　制订销售决策与计划

## 项目任务

　　李想所在的公司按照生产计划进行了产品的生产，接下来要进行产品的销售工作。

## 项目描述

　　任务1：消费者购买行为研究
　　任务2：市场定位
　　任务3：确定营销策略
　　实训目的和要求：
　　通过团队组建实训项目，使学生了解如何制订销售决策与计划，熟悉消费者购买行为理论、市场细分和市场定位、促销策略等方面的知识。培养学生分析与解决问题及团队合作的能力；要求模拟公司研究消费者行为，进行市场定位，确定营销策略。

## 任务1　消费者购买行为研究

### 情境导入

　　公司市场部研究消费者购买行为，了解影响消费者购买行为的影响因素。

### 任务描述

　　模拟公司根据产品策划方案和市场调研报告进行消费者购买行为分析。

### 任务分析

　　消费者购买行为的产生受到内在因素和外在因素的相互促进及交互影响，企业通过对消费者购买行为的研究来掌握其规律，从而制定有效的市场营销策略，实现营销目标。

## 任务实施

### Step1：分析消费者购买行为，各模拟公司进行案例分析，并解决案例问题

查阅一个当代的"体验营销"案例，讨论如下问题：

（1）为什么体验营销变得日益重要？体验营销在消费者购买过程的不同阶段都有什么意义？

（2）按照消费者需要产生的过程来看，该公司的营销模式对这一过程有什么作用？

（3）顾客购买该公司的行为是属于哪种消费者购买类型？有什么特点？

（4）分析顾客购买该公司产品的过程，包括动机、类型和影响因素。

讨论记录：

## 知识加油站

### 一、体验营销

体验营销，Experiential Marketing。指企业通过采用让目标顾客观摩、聆听、尝试、试用等方式，使其亲身体验企业提供的产品或服务，让顾客实际感知产品或服务的品质或性能，从而促使顾客认知、喜好并购买的一种营销方式。

互联网所形成的网络有很多可以让商家直接与消费者对接的体验接触点。这种对接主要体现在：浏览体验、感官体验、交互体验、信任体验。通过上述这些体验活动给了消费者充分的想象空间，最大限度地提升了用户参与和分享的兴趣，提高了消费者对品牌的认同。

任务：各模拟公司查阅资料，将"浏览体验、感官体验、交互体验、信任体验"的内容摘录如下：

### (一)体验营销特征

#### 1. 围绕顾客，关注顾客的体验

体验的产生是一个人在遭遇、经历，或是生活过一些处境的结果。企业应注重与顾客之间的沟通，发掘他们内心的渴望，站在顾客体验的角度，去审视自己的产品和服务。以顾客的真实感受为准，去建立体验式服务。

#### 2. 情景检验，检验消费情景

营销人员不再孤立地去思考一个产品(质量、包装、功能等)，要通过各种手段和途径(娱乐、店面、人员等)来创造一种综合的效应以增加消费体验；检验消费情境使在对营销的思考方式上，通过综合的考虑各个方面来扩展其外延，并在较广泛的社会文化背景中提升其内涵。顾客购物前、中、后的体验已成为增加顾客满意度和品牌忠诚度的关键决定因素。

顾客既是理性的又是情感的。一般地说来，顾客在消费时经常会进行理性的选择，但也会有对狂想、感情、欢乐的追求。企业不仅要从顾客理性的角度去开展营销活动，也要考虑消费者情感的需要。

体验要有一个"主题"。例如一些主题博物馆、主题公园、游乐区，或以主题为设计导向的一场活动等。

方法和工具有多种来源。企业要善于寻找和开发适合自己的营销方法和工具，并且不断地推陈出新。

体验营销更注重顾客在消费过程中的体验。顾客的体验来自某种经历对感觉、心灵和思想的触动，它把企业、品牌与顾客的生活方式联系起来，赋予顾客个体行动和购买时机更广泛的心理感受和社会意义。

### (二)体验营销的主要策略

#### 1. 感官式

它的主要目的是创造知觉体验的体验。感官式营销可以区分公司和产品的识别，引发消费者购买动机和增加产品的附加值等。

#### 2. 情感式

情感式营销是在营销过程中，要触动消费者的内心情感，创造情感体验，其范围可以是一个温和、柔情的正面心情，如欢乐、自豪，甚至是强烈的激动情绪。情感式营销需要真正了解什么刺激可以引起某种情绪，以及能使消费者自然地受到感染，并融入到这种情景中来。

#### 3. 思考式

思考式营销是启发人们的智力，创造性地让消费者获得认识和解决问题的体验。它运用惊奇、计谋和诱惑，引发消费者产生统一或各异的想法。

#### 4. 行动式

行动式营销是通过偶像、角色如影视歌星或著名运动明星来激发消费者，使其生活形态予以改变，从而实现产品的销售。

### 5. 关联式

关联式营销包含感官、情感、思考和行动或营销的综合。关联式营销战略特别适用于化妆品、日常用品、私人交通工具等领域。

## (三)体验营销实施模式

### 1. 节日模式

传统的节日观念对人们的消费行为有着无形的影响，这些节日也深刻影响着消费行为的变化。随着我国的节假日不断增多，出现了新的消费现象——"假日消费"，企业如能把握好商机便可大大增加产品的销售量。

### 2. 感情模式

感情模式通过寻找消费活动中导致消费者情感变化的因素，掌握消费态度形成规律以及有效的营销心理方法，以激发消费者积极的情感，促进营销活动顺利进行。

### 3. 文化模式

利用一种传统文化或一种现代文化，使企业的商品及服务与消费者的消费心理形成一种社会文化气氛，从而有效地影响消费者的消费观念，进而促使消费者自觉地接近与文化相关的商品或服务，促进消费行为的发生，甚至形成一种消费习惯和传统。

### 4. 美化模式

由于每个消费者的生活环境与背景不同，对于美的要求也不同，这种不同的要求也反映在消费行为中。

人们在消费行为中求美的动机主要有两种表现：一是商品能为消费者创造出美和美感；二是商品本身存在客观的美的价值。这类商品能给消费者带来美的享受和愉悦，使消费者体验到了美感，满足了对美的需要。

### 5. 服务模式

对企业来说，优越的服务模式，可以征服广大消费者的心，取得他们的信任，同样也可以使产品的销售量大增。

### 6. 环境模式

消费者在感觉良好的听、看、嗅过程中，容易产生喜欢的特殊感觉。因此，良好的购物环境，不但迎合了现代人文化消费的需求，也提高了商品与服务的外在质量和主观质量，还使商品与服务的形象更加完美。

### 7. 个性模式

为了满足消费者个性化需求，企业开辟出一条富有创意的双向沟通的销售渠道。在掌握消费者忠诚度之余，满足了消费大众参与的成就感，同时也增进了产品的销售。

### 8. 多元化

现代销售场所不仅装饰豪华，环境舒适典雅，设有现代化设备，而且集购物、娱乐、休闲为一体，使消费者在购物过程中也可娱乐休息。同时也使消费者自然而然地进行了心理调节，从而还能创造更多的销售机会。

## (四)体验营销新类别

在体验营销模式中，企业的角色就是搭建舞台、编写剧本。顾客的角色是演员，而联系企业和顾客的利益纽带则为体验。开展体验营销，要求企业深入体察顾客的心理，准确掌握顾客需要何种类型的体验。新的竞争环境下的体验营销分为以下几大类型：

### 1. 美学营销

美学营销是指以人们的审美情趣为诉求，经由知觉刺激，提供给顾客以美的愉悦、兴奋、享受与满足。这种营销模式要求企业对色彩、音乐、形状、图案、风格等美的元素加以良好地运用。这种方式在奢侈品尤其盛行，并且被广泛应用。

### 2. 娱乐营销

娱乐营销是指以顾客的娱乐体验为诉求，通过愉悦顾客来达到企业的营销目标。这种营销方式的出发点和归宿点就是为顾客制造快乐和开心，它相对传统营销方式来说显得更加亲切、轻松、生动，并富有人情味。

### 3. 生活方式营销

生活方式营销是以消费者所追求的生活方式为诉求点，通过将公司的产品或品牌演化成某一种生活方式的象征甚至是身份、地位的识别标志，从而达到吸引消费者、建立起稳定的消费群体的目的。这种方案是独特的，是一种生活方式与消费者个人喜好的结合。商家要做的就是对产品的文化、功能、搭配方案的介绍及制作展示等，帮助他们找到最适合自己的方案。

### 4. 氛围营销

氛围指的是围绕某一群体、场所或环境产生的效果或感觉。氛围营销就是要有意营造这种使人流连忘返的氛围体验。因为好的氛围会像磁石一样牢牢吸引着顾客，使顾客频频光顾。对于服装行业，即是通过布置和细节，营造出该季产品的特点，让消费者能够一目了然。

### 5. 文化营销

文化对于消费者而言，往往会显得高端和疏离，而通过独具匠心的文化体验安排，将艺术、文学、音乐等看似高雅的文化活动能够深入消费者的心目中，让消费者感受到不一样的独特韵味。

知识与实践应用：根据以上体验营销的相关知识，请根据你对生活的观察，讨论并设计关于体验营销的一份策划书。

## 二、影响消费者购买的内在因素

影响消费者购买行为的内在因素很多，主要有消费者的个体因素与心理因素。购买者的年龄、性别、经济收入、教育程度等因素会在很大程度上影响着消费者的购买行为。

消费者心理是消费者在满足需要活动中的思想意识，它支配着消费者的购买行为。影响消费者购买的心理因素有动机、感受、态度、学习。

## 三、影响消费者购买的外在因素

相关群体是指那些影响人们的看法、意见、兴趣和观念的个人或集体。研究消费者行为可以把相关群体分为两类：参与群体与非所属群体。

参与群体是指消费者置身于其中的群体，有两种：

(1) 主要群体是指个人经常性受其影响的非正式群体，如家庭、亲密朋友、同事、邻居等。

(2)次要群体是指个人并不经常受到其影响的正式群体,如工会、职业协会等。

非所属群体是指消费者置身之外,但对购买有影响作用的群体。有两种情况,一种是期望群体,另一种是游离群体。期望群体是个人希望成为其中一员或与其交往的群体,游离群体是遭到个人拒绝或抵制,极力划清界线的群体。

企业营销应该重视相关群体对消费者购买行为的影响作用,利用相关群体的影响开展营销活动,还要注意不同的商品受相关群体影响的程度不同。商品能见度越强,受相关群体影响越大。商品越特殊、购买频率越低,受相关群体影响越大。对商品越缺乏知识,受相关群体影响越大。

### Step2:了解消费者购买决策过程,各模拟公司进行案例分析,并解决案例问题

随着银龄时代的到来,老年人成为企业关注的一个重要消费群体。查阅一个关于老年人消费的案例,讨论如下问题:

(1)案例中体现了老年消费者什么样的消费心理和购买行为?

(2)案例中的企业针对老年人制定的营销策略依据是什么?

(3)老年人和青年人、妇女等在消费心理、购买行为上有什么区别?这样的心理和行为是怎样形成的?

任务:

各模拟公司将讨论记录在下面的空白处。

<br>
<br>
<br>
<br>

### 知识加油站

#### (一)消费者购买行为的类型

##### 1. 依据购买行为复杂度与产品差异度划分

复杂型购买行为:高度参与的消费者,在明确各品牌、品种及规格间显著差异时,会经历完整的购买决策过程,包括广泛信息收集、全面产品评估、审慎决策及细致的购后评价。对此,营销者应策略性地传授产品知识,多渠道展示品牌优势,以简化决策流程并影响购买决定。

失调减少型购买行为:消费者在购买前不进行广泛信息搜集和品牌精选,决策快速,但购后易因感知产品缺陷或其他牌优势而产生失调感,质疑购买决策。对此,营销者需提供优质的售后服务,持续传递正面产品信息,增强消费者购买决策的信心。

多样化寻求型购买行为:消费者购买决策随意,缺乏深入的信息收集和比较评估,消

费时才进行评估，且频繁更换品牌以满足新奇感或尝试不同体验，非因不满。市场领导者通过确保货架占有率、避免缺货及提醒购买广告促进习惯性购买；而挑战者则通过低价、折扣、优惠券、免费样品及鼓励试用新品牌的广告策略，诱导消费者改变习惯。

习惯性购买行为：消费者基于习惯选择熟悉品牌，不进行深度信息搜集和品牌评估，购后评价不一。针对此类行为，营销策略包括：利用价格促销吸引试用、实施大量重复性广告加深记忆，以及增加购买参与度和品牌差异化策略。

### 2. 根据消费者购买态度与要求划分

习惯型购买：指消费者因对特定商品或商店的信赖与偏好，形成的频繁且重复的购买行为。由于长期接触，消费者对此类商品有深厚体验，再次购买时往往直接选择，无须比较，注意力集中。

理智型购买：消费者在购买前会对商品进行深入研究与比较，决策过程冷静、慎重，较少受情感影响，主要依据商品质量与款式，对广告、宣传等外部信息持怀疑态度。

经济型购买：消费者在购买时高度关注价格，对价格变动敏感，无论商品档次高低，均以价格为首要考虑因素，对低价促销活动如"大甩卖"等尤为感兴趣，这通常与其经济状况相关。

冲动型购买：消费者易受商品外观、包装、商标等促销因素刺激，购买决策基于直观感受和个人兴趣，偏好新奇、时尚产品，不愿进行反复比较。

疑虑型购买：消费者具有内向性格特征，购买时谨慎多疑，决策过程缓慢且耗时，常因犹豫不决而中断购买，购后亦每怀疑是否受骗。

情感型购买：消费者购买决策受情感驱动，以联想力评估商品意义，注意力易转移，兴趣多变，重视商品外观、造型、颜色及命名，是否符合个人想象成为购买主要依据。

不定型购买：消费者购买行为具有尝试性，心理偏好未稳定，无固定偏好，在上述类型间徘徊，多见于独立生活不久的青年人。

### 3. 基于消费者购买频率的分类

日常性购买行为：此类购买行为最为直接，涉及日常生活必需品，如调味品、洗涤剂等，因消耗迅速且价格低廉，消费者通常无须深入信息收集与选择，对商品已较为熟悉。

比较性购买行为：针对单价适中（几十至几百元）、使用寿命较长、品牌与款式差异显著的商品，如服饰、鞋履、小家电等，消费者在购买时倾向于投入更多时间进行比较与选择。

审慎性购买行为：涉及高价、长期使用的商品，如汽车、房产、高档家具、乐器及电子设备，消费者在购买时表现出极高的谨慎性，会进行深入的市场调研、比较与选择，品牌信誉成为重要考量因素，已购用户的评价对潜在买家具有显著影响，且此类购买多发生在大型商场或专卖店。

### (二) 消费者购买决策过程

消费者购买行为，亦称消费者行为，涵盖消费者为满足生活需求而进行的所有相关活动，涉及心理、生理及实际行为，如图 5-1 所示，其过程通常分为五阶段：需求确认、信息收集、评估选择、购买决策及购后评价。

```
刺激 → 不足之感（感到需要） → 求足之愿（产生购买动机） → 搜集资料

→ 分析评价 → 购买决策（购买否） → YES+其他（如资金） → 购买行为 → 产品使用
                  ↓ NO
                 END
```

```
获得消费体验 → 购后评价 → 购后行为与产品处置

购后行为
    购后感良好
        正面宣传
        再购买
    购后感受不好
        投诉
        索赔
        反面宣传
        不再购买
        劝阻他人购买

产品处置
    暂时处理
        出借
        出租
    永久处理
        束之高阁
        折价处理
        转赠他人
        退货
        丢弃
```

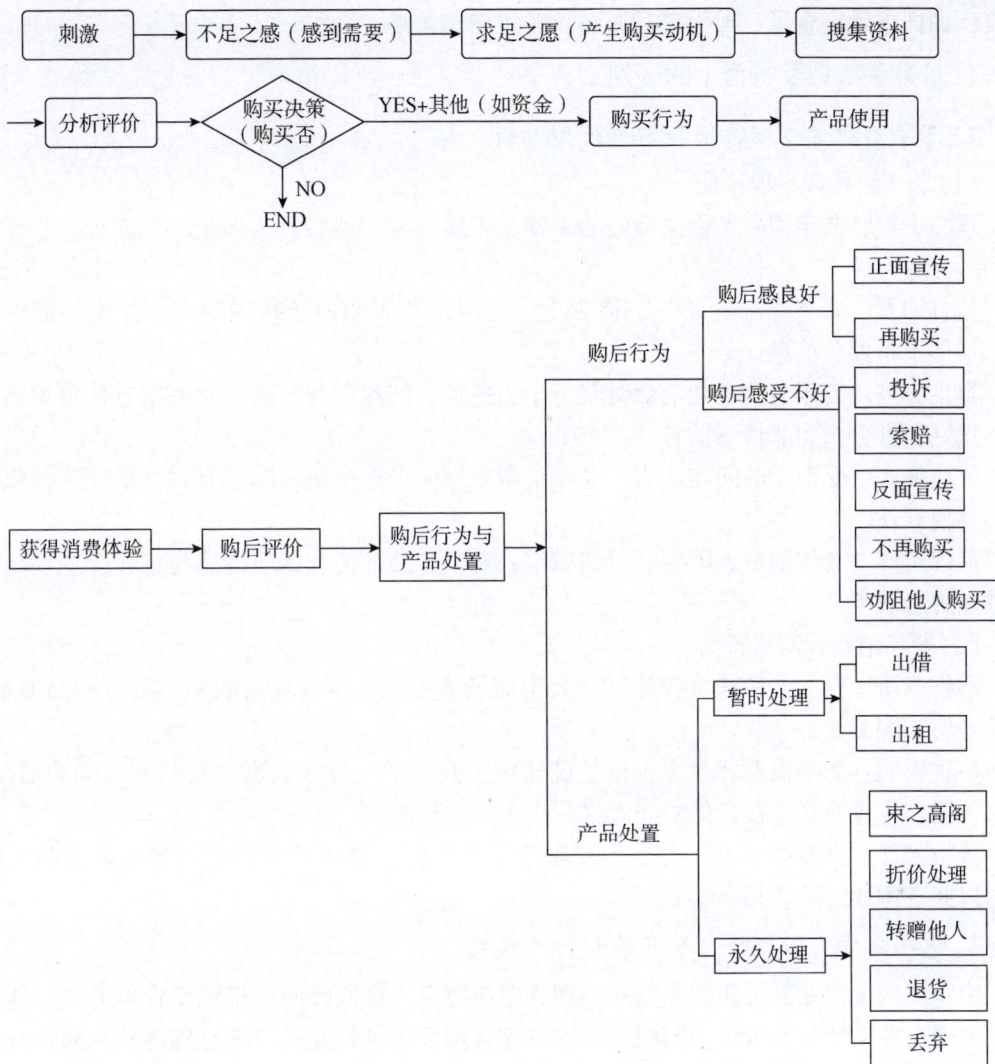

**图 5-1 消费者购买行为模型**

购买过程始于消费者意识到需求，此需求可由内在生理因素或外在刺激引发。企业需通过市场调研识别激发需求的因素，并致力于发掘消费驱动力及强化需求。

随后，消费者会考虑品牌、价格及购买地点等，寻求商品信息，这些信息通常来源于商业、个人、大众媒体及经验。企业需设计有效的市场营销组合，特别是品牌广告策略，以突出产品质量、功能及价格，促使消费者选择本企业品牌。

消费者基于收集的信息对商品属性进行价值判断，评价因素因人而异，如价格、质量、品牌或样式等。企业需提高产品知名度，并了解消费者评价商品时的主要考量，以针对性宣传，影响购买决策。

形成购买意图后，消费者可能因他人态度或意外事件而改变决定，这受购买金额、产品性能及消费者自信心影响的"感知风险"所驱动。企业应采取措施降低此风险，促进购买。

购买后，消费者继续评价商品，此过程对企业市场及信誉至关重要。购后行为受预期满意理论与认识差距理论指导。企业应关注消费者购后感受，采取措施消除不满，提高满意度，如征求顾客意见、加强售后服务及改进营销策略。

### (三)购买心理及行为上的区别

#### 1. 老年消费者心理特征与购买行为分析

(1)老年消费者心理特征。

理性主导：老年消费者因生活经验丰富，情绪稳定，消费行为多受理性支配，较少冲动购买。

精打细算：基于家庭责任与节俭观念，老年消费者倾向于按需购买，注重商品性价比，详尽了解商品信息。

自主决策：老年消费者在消费时坚持个人主见，信赖自身经验，对商家宣传持审慎态度，偏好理性分析而非情感诱导。

便捷偏好：受限于时间与体力，老年消费者倾向于选择便捷购物方式，重视店铺服务与购物便利性。

品牌忠诚：老年消费者因生活习惯稳定，对旧有品牌怀有深厚情感与信任，展现出较高的品牌忠诚度。

(2)老年消费者购买行为。

购物场所选择：老年消费者偏好在大型商场或邻近住所的商店购物，看重商品质量、购物环境与服务。

广告影响：老年消费者对广告依赖度适中，倾向于通过多渠道比较与判断选购商品，偏好传统广告媒介如电视，但对夸大虚假广告持排斥态度。

购物陪伴：虽偏好子女陪伴，但受限于子女时间，老年消费者常选择同龄人陪同购物，以共享购物经验，相互参谋。

#### 2. 中年消费者心理特征及其购买行为模式

中年消费群体展现出高度成熟的心理状态与稳定的个性倾向，相较于青年群体，他们较少表现出冲动性与情绪化，倾向于采取有序且理性的决策方式。此心理特质在购物行为中体现显著。

(1)理性决策主导购买。

随着年龄增长，中年人的购买决策逐渐摆脱外观吸引，转向重视商品的内在品质与性能。他们在选购时倾向于深入分析比较，力求购买决策的合理、准确与可行性，显著减少了冲动性购买行为。

(2)计划性消费显著。

鉴于家庭责任重大，中年人多遵循量入为出的消费原则，较少盲目消费。购买前，他们会对商品的品牌、价格、性能乃至购买时机与地点进行全面规划，避免非必需与不合适商品的购买，显示出高度的计划性。

(3)实用节俭为购买导向。

中年消费者更注重商品的实用性与经济性，生活压力与经济考量促使他们倾向于选择功能性强、经济实惠、便捷高效的商品。尽管新产品可能吸引其注意，但实用性评估仍是决定性因素。商品的实际效用、合理价格与良好外观的结合，是激发中年消费者购买欲望的关键。

（4）独立判断，不易受外界干扰。

基于理性和计划性的购买心理，中年消费者具有较强的自主决策能力。他们凭借丰富的经验和敏锐的商品鉴别力，能自主筛选心仪商品，对销售人员推荐及广告宣传保持理性分析，较少受外界影响。

（5）追求稳定与便利。

中年消费者的购买偏好趋于稳定，不再追求个性化与多样性，而是倾向于符合大众口味的商品，以维护个人形象的社会接受度。同时，鉴于工作与生活压力，他们偏好购买能够减轻家务负担的便利商品，如自动化耐用消费品及半成品食品等，这类商品往往能获得中年消费者的青睐并促成购买。

### 3. 青年消费群体心理特征

在中国，青年消费者构成了庞大的市场基础，成为众多企业竞相争夺的核心目标。因此，深入理解青年消费群体的心理特征，对于商家的经营策略与长期发展至关重要。具体而言，青年消费者的心理特征可概括为以下几点：

（1）时尚与新颖偏好。

青年人群以其热情开放、思维活跃、富有想象力及冒险精神著称，这些特质在消费心理上体现为对时尚与新颖事物的强烈追求。他们倾向于选购新品，探索新的生活方式，从而引领消费潮流的形成。

（2）个性化表达与自我彰显。

随着自我意识的逐渐增强，青年人强烈渴望独立与自主，倾向于在任何活动中展现个人特色。这一心理倾向在消费行为上表现为偏好购买具有独特性的商品，且这些商品需能体现其个性特征，对于缺乏个性表达的普通商品则缺乏兴趣。

（3）情感冲动与决策倾向。

鉴于青年人的社会经验相对有限，其分析判断能力尚未完全成熟，加之情感、兴趣及个性特征尚处于不稳定状态，易在处理事务时表现出情感主导与冲动行为。在消费行为上，这体现为易发生冲动性购买，选择商品时情感因素占据主导，常以能否满足个人情感需求作为判断商品好坏的标准，对心仪之物，会迅速且坚定地作出购买决策。

### 4. 女性消费群体购买行为特征

（1）注重商品的外观形象和感情特征，追求时髦与美感，追求商品的象征意义。

（2）求实，注重商品的实用性与实际利益。

（3）注重商品的便利性与生活的创造性。

（4）消费的新奇心理，打破传统"新三年旧三年缝缝补补又三年"传统观念，追求"物质生活高档次，精神生活高格调，生活规律高节奏，文化生活高结构"。

# 任务 2 市场定位

### 🎮 情境导入

公司市场部在研究消费者购买行为的基础上，开展一系列活动，在目标客户心目中树立产品独特的形象。

## 📖 任务描述

模拟公司市场部在研究消费者购买行为的基础上，开展市场细分，根据细分结果选择最有发展前途的子市场来作为将要开拓的目标市场。

## 🖥 任务分析

市场定位是指根据竞争者现有产品在市场上所处的位置，针对消费者或用户对该种产品的某种特征、属性和核心利益的重视程度，强有力地塑造出此企业产品与众不同的、给人印象深刻、鲜明的个性或形象，并通过一套特定的市场营销组合把这种形象迅速、准确而又生动地传递给顾客，影响顾客对该产品的总体感觉。

## 📘 任务实施

### Step1：进行市场细分

#### 智能穿戴设备市场细分策略

**背景概述**

随着科技的飞速发展，智能穿戴设备市场正经历着快速增长。从智能手表到健康追踪器，再到智能眼镜，这些设备已经深入到人们的日常生活中。然而，面对日益激烈的市场竞争，企业需要通过市场细分来更精准地定位目标消费者，制定有效的营销策略。

某智能穿戴设备制造商(以下简称"制造商")计划推出一款全新的智能手表。为了确保产品的成功上市，制造商决定采用市场细分策略，以更深入地了解消费者的需求，市场细分过程如下：

界定产品市场范畴：制造商首先明确了智能手表市场的范围，包括不同类型的消费者(如健身爱好者、商务人士、学生等)以及他们的使用场景(如运动监测、信息提醒、支付功能等)。

识别潜在顾客需求因素：制造商从多个维度(如年龄、性别、收入水平、生活方式、技术接受度等)出发，列出了可能影响智能手表需求的各项因素。

分析潜在顾客需求的差异性：通过问卷调查、社交媒体分析、竞争对手研究等手段，制造商对不同潜在顾客群体的需求进行了深入分析。例如，健身爱好者可能更注重手表的运动监测功能，而商务人士则可能更看重信息提醒和会议安排功能。

制定针对性的营销战略：基于上述分析，制造商将智能手表市场细分为多个子市场，并针对每个子市场制定了不同的营销策略。例如，针对健身爱好者，制造商可能强调手表的运动监测精度和续航能力；而针对商务人士，则可能突出手表的信息提醒和日程管理功能。

任务：

各模拟公司讨论完成以下问题和任务：

(1)如何准确识别并划分细分市场？

(2)各模拟公司选择自己公司的一类产品进行市场细分，讨论确定一共能进行多少种有效的细分？

(3)确定细分的标准。

(4)根据细分结果选择最有发展前途的子市场来作为将要开拓的目标市场，并说明理由。

### 知识加油站

市场细分，作为市场营销领域的一个核心概念，由美国学者温德尔·斯密于1956年提出。它指的是企业依据消费者需求的差异性和相似性，将整个市场分割为若干消费者群体(即子市场)，并从中选定一个或多个作为目标市场的过程。

#### (一)市场细分的基础要素

##### 1. 消费者需求的差异性

消费者需求存在差异，即不同消费者具有不同的需求偏好。市场据此可分为"同质性需求"与"异质性需求"两类。同质性需求指消费者需求差异极小，无须细分；而异质性需求则源于消费者地理、社会、心理及购买动机的差异，导致对产品价格、质量、款式等方面的需求各异，这是市场细分的前提。

##### 2. 消费者需求的相似性

处于相似地理、社会及文化背景下的消费者，易形成具有共同人生观、价值观的亚文化群体，其需求特点和消费习惯相近。这种需求的相对同质性，使绝对差异的消费者能够依据特定标准被划分为不同群体，为市场细分提供了实现基础。

##### 3. 企业资源的有限性

受自身实力限制，企业无法提供满足所有需求的产品和服务。为有效竞争，企业需进行市场细分，选择最具盈利潜力的目标细分市场，集中资源，制定有效竞争策略，以增强竞争优势。

#### (二)市场细分的类型

地理细分：依据地形、气候、交通状况、城乡分布及行政区划等地理特征对市场进行划分。

人口统计细分：基于年龄、性别、家庭规模、收入水平、教育层次、社会阶层、宗教信仰及种族等人口特征进行市场细分。

心理细分：根据消费者的个性特征或生活方式等心理因素进行市场划分。

行为细分：通过评估消费者的购买行为特征，实现市场的进一步细分。

社会文化细分：依据民族归属和宗教信仰等社会文化特征对市场进行细分。

使用者行为细分：结合职业、文化背景、家庭状况及个性特征等个人属性，对市场进行精细化划分。

#### (三)市场细分的实施流程

界定产品市场范畴：企业需明确自身在特定行业中的产品市场边界，作为规划市场开拓策略的基础框架。

识别潜在顾客需求因素：通过综合考量地理分布、人口特征、心理倾向等多个维度，系统罗列出影响产品市场需求及顾客购买决策的各项变量。

分析潜在顾客需求的差异性：采用抽样调查方法，对不同潜在顾客群体进行深入研究，对所列需求变量进行评估，以揭示顾客需求的共通性与差异性。

制定针对性的营销战略：基于对各细分市场的深入调查、分析及评估，选定具有进入价值的细分市场，并据此设计相应的营销策略。

## Step2：进行市场定位

任务：各模拟公司，任选三种同类产品，调查分析其市场定位，具体内容包括调查该产品的主要特点，市场定位所用到的方法，市场定位的成功及不足之处。

(1)针对所选择的三种同类产品，调查其基本情况，包括价格、消费者接受程度、本地区销量、消费者购买动机及消费者的满意程度等内容。

(2)整理分析调查资料。

(3)制定本公司产品的市场定位。

### 知识加油站

市场定位(Marketing Positioning)，亦称营销定位，是市场营销策略中用于在目标消费群体(涵盖现有及潜在客户)心中构建产品、品牌或组织独特形象(Identity)的一种技术手段。其核心在于为目标客户群塑造产品与众不同的认知。此过程旨在确保企业产品及其形象在目标顾客心理层面占据一个独特且有价值的地位。

#### (一)市场定位的目的

市场定位的核心不在于直接改变产品本身，而在于影响潜在消费者的认知。其实质在于通过差异化策略，使企业与其他竞争者显著区分，促使顾客明确感知并认同这种差异，从而在顾客心智中占据独特位置。此过程旨在深化企业产品及其形象在目标顾客心中的独特价值定位。

#### (二)市场定位的类型

市场定位分为两类：现有产品的再定位与潜在产品的预定位。前者可能涉及产品名称、价格及包装的调整，旨在强化产品在潜在消费者心中的购买吸引力；后者则需营销者从零规划，确保产品特性精准匹配目标市场需求。

#### (三)市场定位实施步骤

市场定位的核心在于识别并强化企业产品相较于竞争者的独特优势。这些优势主要分为两类：价格优势与偏好优势。价格优势体现为在同等条件下，企业能够提供低于竞争者的价格，这要求企业致力于降低单位成本。偏好优势则指通过提供满足顾客特定偏好的明确特色来建立，这需要企业在产品特性上进行深度挖掘与创新。

#### 云端智能音箱的市场定位实施

背景描述：

随着智能家居市场的蓬勃发展，云端智能音箱作为新兴的智能设备，正逐步成为家庭娱乐与智能控制的中心。为了在这一竞争激烈的市场中脱颖而出，某科技公司决定实施一套全新的市场定位策略，旨在树立其云端智能音箱产品的独特品牌形象，并吸引目标消费群体的关注。

**1. 市场定位实施步骤**

市场细分与目标市场选择。

步骤描述：公司对市场进行了细致的划分，依据消费者的年龄、收入水平、生活方式及对智能家居的接受程度等因素，将市场划分为多个子市场。通过市场调研与数据分析，公司锁定了以年轻家庭、科技爱好者及智能家居追求者为主体的目标市场。

创新点：采用多维度市场细分方法，确保目标市场的精准性。

**2. 竞争对手分析与差异化定位**

步骤描述：公司对市场上主要的云端智能音箱品牌进行了深入的分析，包括其产品特性、价格策略、市场份额及消费者反馈等。基于这些信息，公司确定了其产品的差异化优势，如更高的语音识别精度、更丰富的在线内容资源及更便捷的多设备互联功能。

创新点：通过全面的竞争对手分析，挖掘并强化产品的独特卖点。

**3. 品牌形象塑造与传播**

步骤描述：为了塑造产品的品牌形象，公司设计了一套独特的品牌视觉识别系统，包括产品外观、包装、广告风格及社交媒体形象等。同时，公司还通过线上线下的多渠道营销策略，如社交媒体推广、KOL 合作、线下体验店及专业展会等，将品牌形象与目标市场紧密相连。

创新点：结合现代传播手段，打造全方位、多维度的品牌形象。

**4. 产品与价格策略调整**

步骤描述：基于市场定位，公司对产品的功能配置进行了优化，并调整了价格策略，以确保产品性价比的竞争力。此外，公司还推出了多款针对不同需求的定制化产品，以满足目标市场的多样化需求。

创新点：通过产品与价格策略的灵活调整，增强市场竞争力。

**5. 顾客反馈与持续优化**

步骤描述：在实施市场定位的过程中，公司始终关注顾客反馈，通过设立专门的客服团队、在线评价系统及定期的市场调研，收集并分析顾客对产品的满意度及改进建议。基于这些反馈，公司不断对产品进行优化升级，以确保市场定位的持续有效性。

创新点：建立顾客反馈机制，实现市场定位的持续优化。

结论：通过上述市场定位实施步骤，该科技公司的云端智能音箱产品在目标市场中树立了独特的品牌形象，并赢得了消费者的广泛认可。这一案例不仅展示了市场定位策略在提升产品竞争力方面的重要作用，也为其他企业提供了可借鉴的实践经验。

## (五)进行市场定位的策略

### 1. 避强定位策略

避强定位，这是一种避开强有力的竞争对手的市场定位，可以是错开市场区域、错开热销品类等，在长尾市场寻找机会。

江南雅韵茶业以"市场缝隙捕捉"策略实现崛起

江南雅韵茶业凭借"市场缝隙捕捉"的精准定位策略，在竞争激烈的茶叶市场中脱颖而出。江南地区素以茶文化深厚著称，尤其是江南某市被誉为"中国茶都"，汇聚了众多知名茶企，其中不乏列入国家非物质文化遗产名录的茶叶品牌。

面对如此密集的竞争格局，江南雅韵茶业进行了深入的市场剖析。他们发现，市场上高端茶叶品牌主要面向追求品质与文化的消费者群体，售价高昂，而众多小型茶厂则主打低价但品质参差不齐的产品。经过细致调研，江南雅韵茶业洞察到市场存在一个被忽视的细分领域：即那些既追求茶叶品质又注重性价比的中产阶级及新兴消费群体，包括年轻职场人士及注重生活品质的家庭。

基于这一发现，江南雅韵茶业确立了"高品质中等价位"的市场定位，专注于提供口感上乘、文化底蕴深厚的茶叶产品，同时保持价格亲民。这一策略迅速赢得了市场的积极响应。1995 年，企业荣获"全国茶叶行业百强企业"称号；2000 年，江南雅韵茶业的产品被认定为"国家地理标志产品"，品牌影响力逐步扩大；2005 年，企业被评为"中国茶文化传承与创新示范企业"。至 2015 年，江南雅韵茶业已成为国内"十大最具文化底蕴茶品牌"之一，其产品在消费者中享有"雅致之选，健康伴侣"的美誉。

时至今日，江南雅韵茶业不仅在国内市场占据了一席之地，其产品还远销海外，成为中国茶文化的一张亮丽名片。

### 2. 竞争性对抗定位策略

竞争性对抗定位策略是指直接挑战市场中主导性（即最强）竞争对手的定位策略。尽管此策略蕴含风险，但诸多企业视其为激发进取心的途径，一旦奏效，可大幅增强市场地位。

例如，可口可乐与百事可乐的长期竞争，以及汉堡王与麦当劳的对抗。实施此策略需深入了解自身及对手情况，理性评估自身实力，目标不必是击败对手，达到市场均衡亦可视为重大胜利。

该策略旨在将本企业产品置于与竞品相似的市场位置，通过激烈竞争迫使对手退出既有市场位置，取而代之。此过程常需企业占据市场战略高地，成本高昂，故需满足以下条件：

（1）产品具备显著优势，包括独特性和良好声誉。

（2）企业拥有足够实力，能应对竞争引发的各种后果。

（3）目标市场需足够广阔，以避免因市场狭小导致得不偿失。

"步步高"是运用直接竞争定位策略取得成功的案例。国内 VCD 产业短期内涌现众多知名企业，"步步高"进入市场时，"爱多"正值鼎盛，其由中国香港武打影星成龙代言的广告因"爱多，好功夫！"口号而广为人知。

然而，"爱多"根基尚浅，"步步高"上市后，迅速锁定"爱多"，模仿其广告创意，聘请另一位中国香港武打明星李连杰，以"步步高，真功夫！"为口号，与"爱多"广告同时段在央视播出，形成"功夫"广告热潮。"步步高"借此迅速走红，大获全胜。

### 3. 对立性差异化定位策略

对立性差异化定位策略强调竞争导向而非用户需求导向，旨在通过显著区别于竞争对手的方式定位，适用于市场饱和情境下的新兴品牌。此策略的核心在于选取行业内的领军者或高知名度竞品作为对标，以确保对立定位的价值性和用户感知度，从而规避同质化竞争。品牌需明确自身相对于竞品的独特优势，即拥有竞品缺乏的优势（人无我有）或强化竞品未重点突出的特性（人有我强）。

在广告语言上，对立性差异化定位常采用"更""比""无""增加""非……而是……"等对比性词汇，通过对比建立优势，同时制造对竞品的不利联想，如神州专车以"更安全的专车"定位，间接将滴滴塑造为"不安全的专车"；瓜子二手车以"没有中间商赚差价"为口号，使对手被联想为"有中间商且利润高"。此外，特仑苏在饱和的牛奶市场中定位为"更高品质、奶中贵族"，以及百度强调"百度更懂中文"，均成功运用了对立性定位策略。

若需求同质化，定位的价值难以体现，唯有通过定位、分化、切割市场需求，成为与众不同的对立者，才能在竞争中存活并获胜。

### 4. 独特销售主张(USP)定位策略

独特销售主张(USP)理论由罗瑟·里夫斯于20世纪50年代初提出，强调向消费者传达一个独特的销售理由。达彼思广告后来进一步发展了这一理论。从理论层面看，对立性差异化定位可视为USP的一种(即人无我有)。然而，实践中，USP更侧重于产品具体的特殊功能和利益，属于物理性定位。

USP要求商品具有独特效用，向消费者提供明确的利益承诺，并通过有力证据证实其独特性。简而言之，即产品具备某一卓越且独一无二的功能。USP定位至今仍是品牌定位的重要法则，尤其在科技创新和工业产品领域。它甚至反向推动了工业设计和创新思维，如简单、极致、功能主义、单点突破等概念，均受USP影响。

USP定位常形成场景型口号，即在特定场景或问题下，推荐消费者选择该产品。斯达舒的"胃痛、胃酸、胃胀，就用斯达舒"、红牛的"困了累了，喝红牛"等，均为典型USP定位案例。这些口号明确场景和产品利益点，易于消费者理解和记忆。OPPO手机的"充电5分钟，通话两小时"则突出了闪充功能，通过数据证明增强用户印象。

总之，USP定位聚焦于产品的强大功能，通过概念包装给用户留下深刻印象，建立竞争优势。

### 5. 二次定位策略

二次定位策略针对的是销售不佳、市场反响平淡的产品，旨在通过重新定位来摆脱当前困境，恢复增长动力。此类困境可能源于企业决策失误、竞争对手的有力反击或新强敌的涌现。

该策略的一个关键路径是选择并占据尚未被占据的市场空位。这要求企业识别市场中的空白区域，并成功填补。王老吉的成功案例便是对此方法的生动诠释，其通过开创"预防上火饮料"这一新品类，成功占据市场空位，取得了显著成效。

### 6. 升维定位策略

升维定位策略强调创造或启发新的需求，使产品呈现出与前代或同类产品截然不同的购买体验，从而成为新品类的代表。该理论尤其适用于创新型产品或初创企业。

若产品能够直接或间接催生新的需求市场，则无须与现有对手对标，也无须局限于单点USP突破，而是可直接成为新市场的领导者和占有者。升维定位策略在表现形式上常采用"×××行业开创者""重新定义×××""×××革命"等宏大词汇，尽管看似空洞，但消费者往往倾向于选择强大、好奇、知名或更先进的产品，因此能产生实际效果。

预调果酒RIO通过定位为夜场酒的消费革命，成功在夜店渠道占据一席之地，初期因酒精度低、口感好、包装彩色等元素受到消费者青睐，迅速成为市场领导者。然而，随着多家白酒企业跟进预调酒市场，RIO未能坚持行业领导者定位，转向情感型定位，实际效果尚待观察。

乐视和小米电视则通过直接定位为互联网电视，抢占市场最大化概念，成功从传统电视升维至互联网电视领域。这一升维定位策略不仅迅速升温市场，还促使年轻人将互联网电视视为全新品类，并首选小米和乐视品牌。传统电视品牌在产销量上被跨界对手击败，从定位角度看，升维并占据市场最大化概念的策略值得学习借鉴。

需注意的是，升维定位策略并非竞争性导向，而是用户需求导向。其核心目的不在于打击对手，而在于创造或引导新需求。因此，升维定位策略要求企业家具备战略格局和市场眼光，同时需避免好高骛远、过度判断。

# 任务 3　确定营销策略组合

## 情境导入

公司市场部在选定的目标市场上，综合考虑环境、能力、竞争状况对企业自身可以控制的因素，确定营销策略组合以完成企业的目的与任务。

## 任务描述

模拟公司市场部在选定的目标市场上，制定产品价格、渠道、促销等活动策略。

## 任务分析

市场营销策略组合是指企业针对目标市场的需要，综合考虑环境、能力、竞争状况，对自己可控制的各种营销因素(产品、价格、分销渠道、促销等)进行优化组合和综合运用，使之协调配合，扬长避短，发挥优势，以取得更好的经济效益和社会效益。

## 任务实施

### Step1：制定价格策略

智能健康手环的差异化定价策略

**背景介绍**

随着科技的进步与人们健康意识的提升，智能健康手环市场呈现出快速增长的态势。然而，市场竞争也日益激烈，众多品牌竞相推出功能各异、价格不一的产品，以争夺消费者市场份额。在此背景下，某新兴智能健康手环品牌(以下简称"品牌 X")决定通过制定差异化的定价策略，以独特的价值主张和价格定位，在市场中脱颖而出。

**市场分析与目标消费者定位**

品牌 X 首先对市场进行了深入分析，发现消费者对智能健康手环的需求呈现出多样化的特点。部分消费者追求高端功能，如精准的心率监测、睡眠质量分析以及运动数据同步等，愿意为此支付较高的价格；而另一部分消费者则更注重性价比，希望以较低的价格获得基本的健康监测功能。

基于市场分析结果，品牌 X 将目标消费者定位为两类人群：一是追求高端健康科技体验的高端用户，二是注重性价比的实用主义者。

**差异化定价策略的制定**

1. 高端系列定价策略

针对高端用户，品牌 X 推出了具备全面健康监测功能、高级材质及精致设计的智能健康手环。这些产品不仅满足了高端用户对健康科技的追求，还提供了独特的个性化定制服务，如专属健康报告、运动指导建议等。

在定价上，品牌 X 采用了高价策略，将价格设定在同类产品中较高的水平，以体现其高品质和高附加值。

2. 基础系列定价策略

针对注重性价比的实用主义者，品牌 X 推出了功能基本、价格亲民的基础系列智能健康手环。这些产品虽然不具备高端系列的所有功能，但足以满足日常健康监测需求，且设计简洁大方。

在定价上，品牌 X 采用了低价策略，以低于市场平均水平的价格吸引消费者，同时保证一定的利润空间。

3. 营销策略与渠道优化

为了配合差异化定价策略的实施，品牌 X 还制定了相应的营销策略和渠道优化方案。

营销策略：品牌 X 通过社交媒体、线上广告、线下体验店等多种渠道进行宣传推广，重点强调不同系列产品的独特价值和差异化特点。同时，品牌 X 还推出了限时优惠、会员积分等促销活动，以提高消费者的购买意愿。

渠道优化：品牌 X 在保持线上销售渠道的同时，加强了与线下零售商的合作，将产品推向更广泛的消费者群体。此外，品牌 X 还设立了专卖店和体验店，为消费者提供亲身体验产品的机会，进一步增强了品牌的市场影响力。

4. 效果评估与持续改进

实施差异化定价策略后，品牌 X 取得了显著的市场效果。高端系列产品凭借其高品质和高附加值吸引了大量高端用户的关注，销售额稳步增长；而基础系列产品则凭借其亲民的价格和实用的功能赢得了广大消费者的青睐。

然而，品牌 X 也意识到市场竞争的激烈性和消费者需求的不断变化。因此，品牌 X 将持续关注市场动态和消费者反馈，不断优化产品功能和定价策略，以保持其市场领先地位。

**结论**

通过制定差异化的定价策略，品牌 X 成功地在智能健康手环市场中脱颖而出。这一策略不仅满足了不同消费者的需求，还提高了品牌的市场竞争力和盈利能力。未来，品牌 X 将继续坚持差异化定价策略，不断创新和优化产品，为消费者提供更好的健康科技体验。

**知识加油站**

价格策略是企业基于顾客需求预估与成本分析，选取旨在吸引顾客并优化市场营销组合的策略。其制定需依托科学规律研究，辅以实践经验判断，在确保生产者与消费者经济利益平衡的基础上，以消费者可接受的价格水平为参照，针对市场动态灵活调整，实现买卖双方客观协商决策。简而言之，价格策略依据消费者支付能力与效用差异，结合产品特性进行定价，旨在达成利润最大化的定价方法。

定价策略是指企业在明确定价目标的前提下，基于成本、市场需求及竞争态势的综合分析，运用价格决策理论，对产品定价的具体手段。该策略主要分为成本导向、竞争导向与顾客导向三大类别。

## 1. 成本导向定价策略

### 绿野农场有机蔬菜成本导向定价

**背景**

绿野农场位于乡村，专注有机蔬菜种植与销售，因高品质和优质服务获市场好评。随着健康饮食需求增长，市场竞争加剧，价格策略成为关键。

**问题分析**

成本：包括种子、有机肥料、农药、人工、土地租赁和灌溉维护，高于传统农业。

需求：有机蔬菜需求增长，但价格敏感。

竞争：多家供应商，竞争激烈，但绿野农场品质有优势。

**定价策略**

全面核算：详细计算直接和间接成本。

成本加成：基于总成本（固定+变动）乘以期望利润率（如20%）定价。

价格调整：根据市场需求和成本变动灵活调整，辅以会员制度和促销。

**实施效果**

价格策略合理，满足消费者需求，企业盈利。

销售额和利润稳步增长，品牌形象和市场份额提升。

**结论**

绿野农场通过全面成本核算和合理成本加成率定价，结合灵活调整机制，成功应对市场竞争，实现盈利和消费者满意。

## 2. 竞争导向定价法

在竞争十分激烈的市场上，企业通过研究竞争对手的生产条件、服务状况、价格水平等因素，依据自身的竞争实力，参考成本和供求状况来确定商品价格。

### 晨光书店的竞争导向定价策略

**背景介绍**

晨光书店是一家位于大学城周边的实体书店，主要销售教材、教辅资料、文学小说及热门畅销书。近年来，随着电子书和网络购书的兴起，实体书店面临着前所未有的挑战。为了在众多竞争者中脱颖而出，晨光书店决定采用竞争导向定价法，以应对市场变化，吸引并留住顾客。

（1）问题分析：

竞争环境：大学城周边有多家书店，包括大型连锁书店、独立书店以及线上书店。价格竞争激烈，顾客对价格敏感度较高。

顾客需求：学生群体是晨光书店的主要顾客，他们不仅关注价格，还重视书籍的种类、更新速度以及书店提供的附加服务（如阅读区、咖啡角等）。

成本结构：由于租金、人力和库存成本的不断上升，晨光书店的成本压力较大。

（2）竞争导向定价策略制定：

市场调研：晨光书店首先进行了详细的市场调研，包括竞争对手的价格策略、顾客对价格的接受程度以及市场上畅销书的种类和价格。

价格匹配与差异化：基于市场调研结果，晨光书店决定采用价格匹配策略，对于畅销书和教材教辅资料，保持与主要竞争对手相近的价格水平，以吸引价格敏感的顾客。同时，对于独家代理的书籍、限量版书籍以及晨光书店的特色书籍，则采用差异化定价策略，设定稍高的价格，以体现其独特性和价值。

促销活动：为了进一步提升竞争力，晨光书店还定期举办促销活动，如"买二赠一""会员日折扣"等，以吸引顾客进店消费。

附加价值提升：除了价格策略外，晨光书店还注重提升书店的附加价值，如提供舒适的阅读环境、定期举办作家签售会和读书分享会等，以增强顾客黏性和忠诚度。

（3）实施效果：

通过实施竞争导向定价策略，晨光书店成功地在激烈的市场竞争中站稳了脚跟。价格策略的合理性和灵活性得到了顾客的认可，销售额和顾客满意度均有所提升。同时，通过提升附加价值，晨光书店进一步巩固了其在大学城周边书店市场中的地位。

**结论**

晨光书店的竞争导向定价策略案例表明，企业在制定价格策略时，应充分考虑市场竞争环境和顾客需求。通过市场调研和价格匹配与差异化策略，企业可以制定出既符合市场竞争要求，又满足顾客需求的价格。同时，通过提升附加价值，企业可以进一步增强其市场竞争力。

### 3. 顾客导向定价法

依据市场需求状况及消费者对产品感知差异来设定价格的方法，被称为顾客导向定价策略，亦称作"市场导向定价策略"或"需求导向定价策略"。

#### 雅致家居的顾客导向定价策略

**背景介绍**

雅致家居是一家专注于中高端家居用品设计与销售的企业，产品涵盖家具、装饰品、灯具等多个品类。随着消费者对家居生活品质要求的提升，雅致家居面临着来自市场的新挑战：如何在保证产品品质与设计感的同时，合理定价以满足不同消费层次顾客的需求。

**问题分析**

（1）市场需求细分：雅致家居发现，其目标客户群对家居用品的需求呈现出多元化特征，既有追求高端奢华体验的消费者，也有注重性价比的实用主义者。

（2）顾客价值感知：不同顾客群体对家居用品的价值感知存在差异，部分顾客更看重品牌与设计感，愿意支付高价；而另一部分顾客则更关注产品的实用性和价格合理性。

（4）竞争态势：市场上同类家居品牌众多，价格区间广泛，竞争激烈。雅致家居需要在保持品牌特色的同时，通过定价策略在市场中占据有利位置。

**顾客导向定价策略制定**

（1）价值定位定价：雅致家居首先明确了不同产品线的价值定位，对于设计独特、材质上乘的高端系列，采用价值定价法，即根据产品所承载的设计价值、材料成本及品牌溢价等因素综合定价，确保价格与顾客感知的价值相匹配。

（2）需求弹性定价：针对中低端市场，雅致家居采用需求弹性定价策略，通过市场调研了解顾客对价格的敏感度，对于需求弹性较大的产品，适当降低价格以吸引更多顾客；而对于需求弹性较小的独特设计或限量版产品，则维持或提高价格，以最大化利润。

（3）套餐优惠定价：为了满足顾客一站式购物的需求，雅致家居还推出了家居套餐优惠定价，将家具、装饰品、灯具等组合成不同风格的家居方案，以套餐形式销售，并给予一定折扣，既提升了顾客满意度，又促进了销量增长。

### 实施效果

通过实施顾客导向定价策略，雅致家居成功实现了产品线的差异化定价，满足了不同消费层次顾客的需求。高端系列凭借其独特的设计和高品质赢得了高端市场的认可，中低端系列则通过灵活的价格策略吸引了大量顾客，整体销售额和市场份额均有所提升。此外，套餐优惠定价策略还促进了顾客忠诚度的提升，为雅致家居带来了稳定的回头客群体。

### 结论

雅致家居的顾客导向定价策略案例表明，企业在定价时应充分考虑顾客的价值感知和需求差异，通过灵活多样的定价策略，既能满足顾客需求，又能实现企业的盈利目标。同时，通过不断优化产品线和服务，企业可以进一步增强市场竞争力，实现可持续发展。

### 课堂小讨论

20世纪30年代，著名华侨陈嘉庚被誉为全球胶鞋行业的领军人物。在其胶鞋产品初入市场的前几年，他采取了远低于成本的渗透定价策略，旨在迅速吸引大量消费者并拓宽销售渠道。待产品成功树立品牌地位后，他才逐步调整价格，并最终实现了可观的盈利。陈嘉庚所采用的这种市场进入策略究竟属于何种定价模式？其独特之处何在？又能为我们提供哪些宝贵的商业启示？

### 知识加油站

多数企业常依据具体情况调整基准价格，旨在激励顾客提前付款、批量采购或在销售淡季增加购买量，此类调整称为价格折扣与折让策略。

即时付款折扣（或称现金折扣）：针对在规定期限内（如成交后10天内）完成付款的顾客提供的价格减让，如"2/10净30"条款，即30天付款期内，前10天付款可享2%折扣，此做法常用于加速资金回笼，降低收款成本及坏账风险。

批量购买折扣（或称数量折扣）：向大额采购者提供的价格优惠，旨在通过扩大销量来降低生产成本和销售费用。例如，购买某商品100单位以下单价10元，超过100单位则单价降至9元。

功能折扣（亦称贸易折扣或中间商折扣）：制造商给予中间商（如批发商、零售商）的额外价格减让，使其能以低于目录价格进货。

季节性折扣：为平衡生产与销售波动，企业在销售淡季向顾客提供的价格折让，旨在维持生产和销售的全年稳定。

促销津贴：生产企业为扩大市场份额，向中间商提供的促销支持，包括广告补贴和价格优惠，以鼓励中间商为产品做广告或设置展示窗等促销活动。

### Step2：制定渠道策略

任务：各模拟公司进行案例讨论分析，解决案例问题。

李明的销售策略革新——广州瑞丰食品公司的新挑战

李明，一位富有创新精神与决断力的年轻管理者，刚刚被任命为广州瑞丰食品公司（一家主营高端糖果及零食的国际企业）的地区销售经理，负责提升广州区域的销售业绩。自他上任以来，该地区的销售表现持续低迷，尤其是近两个季度，销量远未达到预期目标。

面对这一挑战，李明深入分析了当前的销售状况。他发现，长期合作的经销商——广州凯旋商贸公司，尽管在过去十年里因销售瑞丰产品而获得了丰厚利润，并得到了公司的持续支持与重视，但其销售增长在过去一年中显著放缓。凯旋公司的问题主要在于缺乏进取心，满足于现状，未能积极响应公司的销售策略调整；同时，凯旋公司过于依赖畅销产品（如经典薄荷糖系列和无糖口香糖），对其他潜力产品线（如特色糖果和有机零食）投入不足，导致产品线发展不均衡。

李明多次与凯旋公司沟通，试图推动其改变，但对方反应冷淡，甚至有时表面答应，背后却未按要求执行。鉴于此，李明决定重新评估现有的经销体系，寻找新的合作伙伴。

经过严格的筛选与评估，李明锁定了广州佳兴贸易公司作为潜在的新经销商。佳兴公司在市场实力上与凯旋公司相当，且合作意愿更为强烈，唯一的要求是获得广州地区的独家经销权。值得注意的是，佳兴公司近一年来已成为凯旋公司的主要二批商，承担了其60%的销量，不仅限于瑞丰产品，还包括徐福记、费列罗等国际知名品牌。

然而，在李明与佳兴公司接触的同时，凯旋公司感受到了威胁，与李明的关系迅速紧张化。凯旋公司不仅威胁若失去经销资格将对瑞丰采取报复行动，还试图通过高层关系影响决策，对李明个人提出了诸多指责。李明的上司对此事表示高度关注，希望他能迅速提出解决方案。

面对凯旋公司的施压和上司的期望，李明必须在短时间内权衡利弊，制定出既能保障公司利益，又能缓解现有矛盾的可行性策略。他需要在保持与凯旋公司良好关系的同时，探索与佳兴公司合作的可能性，确保广州地区销售业绩的稳步增长。

问题：

(1)李明是否应该给予佳兴独家经销权？

(2)李明应该运用什么策略或方法处理凯旋公司，并且又能很好地向上司交代呢？

(3)认真阅读分析材料，找出产生纠纷的原因。

(4)调查本地市场糖果的销售渠道。

(5)请帮助李明做好中间商选择及管理工作。

### 知识加油站

销售渠道是指商品由生产者至最终用户转移的全过程及其涉及的市场销售组织架构。

有效运用销售渠道能促使企业高效地将产品传递给消费者，从而实现商品销量的扩大、资金流转的加速以及流通成本的降低。

企业为确保产品顺利销售，需精准选择适合的销售渠道。这一选择过程涵盖两个核心方面：一是确定销售渠道的类型，二是遴选具体的中间商。

### （一）类型选择

#### 1. 直销与分销策略

依据商品交易过程中是否历经中间环节，可将销售渠道划分为直销与分销两种类型。直销模式指企业采取产销一体化的经营策略，商品由生产领域直接转移至消费领域，无须经过任何中间商。相比之下，分销模式则是指商品在生产领域至消费者手中的流转过程中，需历经若干中间商环节。

#### 2. 宽渠道与窄渠道战略

销售渠道的宽度取决于企业选择的中间商数量，即每个销售层级中同类中间商的数量。基于此，企业可采取以下三种策略：

（1）广泛分销策略。

当商品数量庞大且市场需求广泛时，企业采用此策略以确保商品广泛覆盖，便于消费者随时购买。如日用品及通用工业原料常采用此策略，企业需承担更多广告与促销费用，以激励中间商的积极性。

（2）选择性分销策略。

此策略下，企业精心挑选部分批发商与零售商销售其产品。由于中间商数量有限，便于企业与中间商紧密合作，降低销售费用并增强控制力。该策略适用于选购品、耐用消费品、新产品试销及多数生产资料，具体中间商数量需根据产品与市场特性灵活确定，以平衡市场覆盖与商品销售效率。

（3）独家分销策略。

在此策略下，企业仅选择一家中间商作为唯一经销商，双方通过协议明确权利与义务。此策略适用于特殊消费品、高档高价消费品及具有独特性的商品，如需售后服务的电器及需现场演示的产品。此策略能激发中间商的积极性，同时企业可对售价、宣传、信贷及服务等方面加强控制，促进双方紧密合作，提升品牌形象与经济效益。

### （二）中间商甄选

中间商，作为生产者与消费者间的媒介，促进商品交易的实现，包括具有法人资格的经济组织及个人。依据是否拥有商品所有权，中间商分为经销商与代理商；依其在流通链中的作用，又可分为批发商与零售商。

经销商与代理商：经销商在商品交易中拥有商品所有权，而代理商则受生产者委托进行交易，但不拥有商品所有权。代理商进一步细分为企业代理商、销售代理商、寄售商及经纪商。

零售商：向最终消费者提供商品与服务的中间商，数量众多，涵盖专业商店、百货公司、超市、便利店等。按价格竞争策略，有折扣店、仓库店等；按无固定店面形式，有邮购、电话订购、自动售货、流动售货等；按管理系统，有联营店、自愿连锁店、零售商合作组织等。

批发商：介于生产者与零售商之间的中间商，按商品种类分为一般与专业批发商；按服务区域分为全国、区域与地方批发商；按经营权分为经销与代理批发商；按服务内容分为综合与专业服务批发商。

诸多优质产品与市场品牌难以拓展，市场秩序混乱、窜货、价格崩溃、促销失效，根源在于渠道体系问题。渠道，即营销4P中的"渠道"(Place)，常被狭隘理解为产品流通路径，如经销商与批发商网络。实则，渠道是一个战略系统，旨在实现产品(服务)从生产者至消费者的价值转移与增值。

企业产品特性、消费者与市场状况各异，渠道模式亦大相径庭。消费品渠道典型模式有三种：娃哈哈的联销体、康师傅的渠道精耕、加多宝的终端掌控。此三者为典型模式，非必须遵循，但基本围绕此三"原型"发展。

渠道模式选择需依据产品特性、消费者需求、竞争态势。首先，考虑渠道长度，如娃哈哈通过六级渠道实现高额销售；加多宝则采用短渠道、小区域独家经销，快速占领终端。其次，渠道宽度亦关键，包括密集、选择与独家分销，适用于不同产品与市场策略。

渠道模式的选择与设计关乎分销效率与后续管理，但无绝对最优模式，唯有适合企业特性的定制模式。实力较弱的企业可采用选择型分销，借鉴渠道精耕或联销体模式；实力强劲的企业则可行深度分销、终端管控，如加多宝模式，实现全面网络覆盖。

### (三) 网络营销渠道

网络营销，作为网络经济时代的新型营销理念与模式，依托互联网络、电脑通信技术及数字交互媒体达成营销目标。它构成企业整体营销战略的关键部分，旨在通过互联网营造网上经营环境，实现企业总体经营目标。网络营销对消费者行为影响深远，其成效直接关系到企业整体营销战略的成败。

新媒体利用数字技术、网络技术及移动技术，通过多元终端(如互联网、无线通信网、卫星、电脑、手机、数字电视机等)向用户提供信息及娱乐服务。当前，智能手机已成为新媒体的主要代表。

网络营销渠道利用互联网平台提供产品与服务，使目标市场(具备计算机或其他技术手段的用户)能通过电子方式完成交易。此类渠道需具备传统营销渠道的功能，涉及信息沟通、资金流转及实物配送等。完善的网络营销渠道应包含订货、结算与配送三大核心功能。

#### 1. 营销渠道转型

新媒体深刻改变了消费者的购买行为，使其不再完全依赖传统广告和促销。企业应积极适应这一变化，抓住机遇，拓展新媒体营销渠道，利用新媒体优势，转变营销观念和模式，以弥补传统网络营销的不足，提升营销效果。

网络营销旨在广泛传播企业信息至受众。然而，当前网络垃圾信息泛滥，用户对广告信息产生"免疫"。传统即时通讯、邮件列表等营销模式效果减弱。用户已转变为信息筛选者，因此，如何精准传递有用信息成为企业与网络营销机构的重要课题。

### 2. 渠道分类与特点

（1）网上直销。

网上直销去除中间商环节，具备订货、支付、配送功能。企业通过构建网络营销站点，使顾客能直接在线订货。与电子商务服务机构合作，实现网站直接支付，简化资金流转。在配送方面，利用互联网技术构建物流系统或与专业物流公司合作，建立物流体系。

（2）电子中间商。

网络信息处理高效，便于搜索产品，但在实体分销方面受限。因此，基于网络的新型信息服务中介——电子中间商应运而生。

（3）新媒体营销渠道：微信。

随着智能手机等新媒体普及，微信等应用软件迅速传播。微信凭借其特点，为企业提供新的网络营销渠道。

### 3. 网络营销渠道结构变化

传统营销渠道中，中间商发挥重要作用。然而，互联网发展改变了这一格局。中间商的地缘优势被互联网虚拟性取代，高效信息交换简化了传统营销环节。网络营销渠道分为网上直销和网络间接营销两类。网上直销使生产者与消费者直接连接，网络间接营销则通过融入互联网技术的中间商机构进行。

### 4. 网络营销渠道功能

（1）订货系统。

提供产品信息，便于厂家获取消费者需求，实现供求平衡，降低库存和销售费用。

（2）结算系统。

提供多种支付方式，如信用卡、电子货币等，以满足消费者需求。

（3）配送系统。

无形产品可直接网上配送，有形产品需涉及运输和仓储。专业配送公司的存在促进了网上商店的发展。

### 5. 网络营销渠道建设

网络营销渠道建设需考虑销售对象。B2B 模式交易量大、次数少，购买方集中，需建设好订货系统；B2C 模式交易量小、次数多，购买者分散，需完善结算和配送系统。选择网络销售渠道时还需考虑产品特性，部分产品可直接通过互联网传输，大多数有形产品需依赖传统配送渠道。在建设网络营销渠道时，应从消费者角度出发，设计简单明了的订货系统，提供多种安全支付方式，并建立完善的配送系统。在配送体系不成熟时，应选择适合配送的产品进行网上销售。

## Step3：制定促销策略

（1）各模拟公司结合实际情况，为自己公司的产品选择促销组合策略。

（2）制定详细的促销组合实施步骤。

（3）制定保障措施，写明预期效果，进行经费预算。

### 知识加油站

#### *绿色生活，从"绿动未来"促销活动开始*

**背景介绍**

随着全球环保意识的增强，消费者对绿色、可持续产品的需求日益增长。为了响应这一趋势，XYZ公司——一家专注于生产环保家居用品的企业，决定推出一场名为"绿动未来"的促销活动，旨在通过一系列创新策略，提升品牌知名度，增强消费者对其绿色产品的认知与忠诚度，同时促进销售增长。

**目标市场**

年龄段：25~45岁的中青年群体，他们更注重生活品质，对环保理念有较高的认同感。

地理区域：全国一线城市及部分二线城市，这些地区消费者对绿色产品的接受度和购买力相对较高。

心理特征：追求健康、自然生活方式的消费者，愿意为环保产品支付溢价。

**促销策略**

1. 绿色主题营销

设计以自然元素为灵感的包装，如使用可降解材料，减少塑料使用，并在包装上印有环保小贴士。

发起"绿色生活挑战赛"，鼓励消费者分享自己的环保生活小妙招，通过社交媒体平台传播，参与者有机会获得XYZ品牌产品作为奖励。

2. 跨界合作，扩大影响力

与知名环保组织合作，共同举办线上线下的环保公益活动，如植树造林、海滩清洁等，提升品牌形象。

与绿色出行平台合作，为使用公共交通工具或骑行、步行出行的消费者提供专属优惠码，鼓励低碳出行。

3. 限时折扣与积分回馈

在活动期间，特定绿色产品享受限时折扣，吸引消费者购买。

推出"绿动积分"计划，消费者购买绿色产品即可累积积分，积分可用于兑换XYZ品牌其他产品或合作品牌的环保产品。

4. 内容营销与KOL合作

制作一系列关于绿色生活方式的短视频和图文内容，通过社交媒体、博客等平台发布，教育消费者如何更环保地生活。

与环保领域的意见领袖（KOL）合作，通过他们的影响力推广"绿动未来"活动，分享使用XYZ产品的真实体验。

5. 线下体验店与快闪活动

在主要城市开设绿色生活体验店，展示XYZ品牌的绿色产品，提供现场体验服务，增强消费者的直观感受。

举办"绿动未来"主题快闪店，结合AR技术，让消费者在虚拟与现实中体验绿色生活的乐趣，同时提供互动游戏和抽奖活动。

**效果评估与反馈**

通过社交媒体监测、销售数据分析、顾客满意度调查等方式，持续跟踪"绿动未来"活动的实施效果。

根据消费者反馈调整促销策略，如增加更受欢迎的绿色产品种类，优化积分兑换机制等。

定期发布活动进展报告，向合作伙伴和公众展示 XYZ 品牌在推动绿色生活方面的努力与成果。

**结论**

"绿动未来"促销活动不仅有效提升了 XYZ 品牌的市场知名度和绿色形象，还促进了绿色产品的销售增长，更重要的是，它成功地将绿色生活的理念传递给了更多消费者，激发了他们对环保行动的参与热情。未来，XYZ 公司将继续深化绿色营销策略，探索更多创新方式，为实现可持续发展目标贡献力量。

市场营销活动中，促销策略的运用是不可或缺的，对于企业在市场竞争中获得优势而言，熟练掌握并应用促销手段至关重要。一项针对 70 家大型企业的市场调研分析揭示，在市场营销的整体预算分配中，面向消费者的促销占比达到 27%，面向零售商的促销占46%，而广告宣传则占 27%。此外，随着市场竞争的白热化、促销方式的同质化趋势加剧，以及企业的跨区域扩展，促销活动的开支正呈现出逐步增长的态势。在日常生活中，常见的促销策略主要包括以下几种形式：

限时折扣：此策略旨在通过设定特定时间段内的特价销售，吸引顾客在客流量相对较少的时段进行消费，以达到平衡卖场人流的目的。

限量优惠：限制每位顾客购买特价商品的数量，一旦超过限定额度，则恢复原价销售，以此方式维护促销活动的公平性和效益。

批量折扣：当某一商品购买数量超过预设阈值时，顾客可享受特定的优惠价格，以此激励消费者增加购买量。

组合优惠：通过预设商品组合（通常为两种单品），并设定优惠价格，顾客需同时购买这两种商品才能享受折扣。此策略常用于优化卖场布局，尤其是针对卖场死角，通过分散商品位置，提升顾客探索兴趣及购买意愿。

捆绑销售：将关联性较强的商品进行组合打包，并给予一定的价格优惠，以促进整体销售。

赠品促销：购买指定商品或达到一定消费金额后，赠送赠品，赠品可以是商品本身或企业的宣传礼品，以此增强顾客满意度和忠诚度。

抽奖活动：设置购物满额即可参与的抽奖环节，关键在于奖品丰富且具有广泛吸引力，以激发消费者的参与热情。

商家联盟促销：顾客在满足特定购物条件或消费金额后，可获得在其他商家享受折扣或优惠的资格，如超市购物满额赠送餐饮或娱乐项目的代金券，以此构建跨行业的促销网络，提升顾客价值体验。

## 项目实训

**【实训内容】**

各模拟公司根据市场细分，进行市场定位，制定营销策略。

**【上交实训任务】**

产品营销策略方案一份。

**【实训要求】**

(1)各模拟分工协作完成任务。

(2)时间：6学时(其中，3学时完成市场细分与市场定位，3学时完成编制产品营销策略方案)。

(3)文字资料设计合理，内容全面，表述清楚。

**【评价标准】**

(1)文字材料50%+实训态度10%+模拟公司协作效果20%+成果汇报效果20%。评价标准如表5-1所示。

表5-1 评价标准

| 项目 | 比例 | 评分标准 |
| --- | --- | --- |
| 文字材料 | 50% | 结构完整、内容表述清楚、条理清晰、排版规范 |
| 实训态度 | 10% | 工作主动、积极参与并完成任务 |
| 模拟公司协作效果 | 20% | 团队分工明确、合作能力强 |
| 成果汇报效果 | 20% | 语言表述流利准确、PPT制作精美 |

(2)教师评价60%+小组互评20%+自评20%。

# 项目六 客户管理

## 项目任务

> 李想所在的公司能准确识别客户需求，正确处理客户抱怨、投诉，保持稳定的客户，但仅仅维持客户关系还不够，还需要进一步提升客户关系，提高客户满意度，培育客户的忠诚度，将企业品牌形象快速推进到客户，使他们成为企业的"死忠客户"。

## 项目描述

> 任务1：吸引客户
>
> 任务2：留住客户
>
> 任务3：升级客户
>
> 实训目的和要求：
>
> 通过客户管理的学习，使学生加深客户管理的感性认识；增强营销与沟通的实际能力。注重培养学生利用信息技术以及互联网技术准确识别客户需求，正确处理客户抱怨、投诉，进一步提升客户关系，提高客户满意度，培育客户忠诚度的能力。

## 任务 1 吸引客户

### 情境导入

模拟公司为了获得成功，就要想办法吸引更多的客户，有了足够的消费群体，才能够带来不错的收益，所以必须大力宣传自己的品牌，吸引目标客户。

### 任务描述

各模拟公司开展一系列活动吸引目标客户。

### 任务分析

各模拟公司进行潜在客户开发与管理，获取客户信息，建立客户档案，吸引目标客户。

**任务实施**

### Step1：潜在客户开发与管理

出租车司机怎样在招手即停的几秒钟的时间里识别客户或选择有价值客户呢？

场景一：医院门口，一人拿着药，另一人拿着脸盆，两人同时要打车，应该选择哪一个客人？

场景二：中午12点45分，人民广场上，三位行人正挥手示意。其中，一位年轻女性，手提小巧的购物袋，显然是刚从附近的商店满载而归。旁边是一对青年男女，他们的装扮与神态透露出正享受着逛街的乐趣。而第三位则是一位身着绒衬衫并外套羽绒服的男士，他手持一个笔记本包，显得格外引人注目。应该选择哪一个客人？

**要求：**

(1)每位学生认真阅读分析案例，并通过各种渠道，收集有关开发潜在客户的资料。

(2)各模拟公司组织讨论潜在客户开发的意义，了解客户开发和管理的意义。

**知识加油站**

**(一)收集有关潜在客户资料的渠道**

**1. 利用全面市场渗透策略吸引顾客群体**

(1)选址优化：精心选择营业地点，需综合考量街道人流、停车便利性及周边商业氛围。若目标客户群体鲜少光顾，则整体规划将难以奏效。

(2)品牌形象视觉化投资：确立商标后，设计并实施一套统一且具有辨识度的视觉识别系统(VI)。

(3)价格促销策略：实施折扣优惠以扩大顾客基数，同时确保成本控制得当，旨在实现成本回收并获得理想的投资回报率(ROI)。

(4)活动策划与营销：通过精准广告投放、引导标识设置及特价商品推广，组织艺术展览、开放日或节日庆典等活动，以激发潜在商机。期间穿插抽奖环节或设置签到机制，便于后续与新客户建立联系。

(5)忠诚度与推荐奖励计划：为忠诚顾客及推荐人提供专属折扣，发放可用于下次购物的优惠券或会员卡，并利用电子邮件营销、网站、社交媒体、报纸及无线电广播等多种渠道宣传企业策略。

(6)超级粉丝激励：通过大幅折扣、赠品或忠诚度计划激励核心顾客群体，利用正面口碑作为吸引新顾客的关键驱动力。

(7)专业服务差异化宣传：强化专业能力与卓越客户服务作为吸引寻求高质量服务顾客的核心卖点。在宣传材料中突出这一点，并提供客户服务热线或免费产品咨询以增强信任。

(8)广告策略迭代测试：在锁定最优广告方案前，采取多元化试验策略。虽然初始应以目标顾客群体的定位为基础，但实际操作中可能需灵活调整。建议每月尝试一种新策略，并淘汰那些持续3~6个月未见成效的方法。

### 2. 利用网络营销策略吸引目标客户

（1）网站基础设施与用户体验优化：在投资于付费点击广告（PPC）、社交媒体管理工具或其他旨在引导流量至网站的营销策略之前，首要任务是确保网站具备良好的运行状态与高度吸引力。若用户不浏览或停留时间短暂，则无法实现产品转化。

（2）内容营销策略：通过网站提供高质量免费内容，包括但不限于微型视频教程、学习指南、深度文章、博客、专业建议及电子书等，以此作为吸引并留住访客的初步手段。这些内容应占据首页显著位置，并鼓励访客通过邮件订阅获取后续特价信息及促销活动，从而构建长期客户关系。

（3）社交媒体平台运营：利用小红书、微博、抖音等社交媒体平台作为拓展新客户的渠道。在这些平台上发布产品信息、新品预告及免费产品获取链接，同时保持账号活跃与定期更新，以维持用户兴趣与参与度。值得注意的是，社交媒体运营虽门槛较低，但要想实现高效运营，则需投入时间与专业技能，如同博客维护，其价值在于持续的内容更新。此外，可探索与其他商家合作进行交叉推广，避免过度依赖特价信息吸引粉丝，而应穿插发布有价值的内容以维持用户黏性。应将社交媒体视为与客户建立情感联系的工具，良好的客户关系有助于培养忠实顾客。

（4）免费配送与增值服务：考虑提供免费送货服务，以增强消费者在购买过程中的即时满足感，并彰显企业价值。实施此策略时，需确保免费配送服务在企业的财务承受范围之内。此外，赠送小礼品、提供上门服务等增值服务，与直接折扣同样有效，能够提升顾客满意度，因为人们倾向于在购物后获得额外价值感。同时，确保产品质量不受影响，以维护品牌形象。

（5）忠诚客户奖励计划：为通过电子邮件或社交媒体渠道购物的顾客提供专属小礼品或优惠，以此激励他们分享购买体验，形成口碑传播效应。精心设计的忠诚客户优惠策略，能够有效提升客户的满意度与忠诚度，进而促进品牌口碑的积极传播。

### （二）潜在客户开发的意义

（1）潜在客户开发的目的是发掘更多的客户资源用以转化成更多的意向客户，潜在客户的资料越丰富就越有可能形成更多的意向客户，为提高销售量奠定基础。

（2）潜在客户是一种资源，在同一市场内各品牌对这种资源的占有处于竞争形态，拥有更多的潜在客户就占有了竞争的先机。

### Step2：获取客户信息，建立客户档案

（1）以模拟公司为单位设计客户资料卡。

（2）选取一些比较有代表性的客户资料。

（3）把相关资料录入计算机，然后根据 ABC 分类方法对客户进行分类。

（4）各模拟公司派出一位代表展示收集整理的客户资料，分析哪些是 VIP 客户、哪些是主要客户、哪些是小客户等，以及分析不同客户的特点，全班进行讨论。

**要求**

（1）各模拟公司成员认真完成客户资料卡的设计。

（2）熟悉二八法则，习惯上常把销售额的累计百分数达 70%～80% 的客户定为 A 类客

户，销售额累计百分数在 10%~20% 的客户定为 B 类客户，销售额累计百分数在 10% 左右的客户定为 C 类客户。

（3）明确对不同类别的客户要进行不同的管理，形成价值管理的意识，要优先关注重点客户。

（4）各模拟公司对组员设计的客户资料卡中的共同项目进行归纳整理，确保客户资料卡的完整、合理。

### 知识加油站

客户资料卡是销售人员在进行客户管理时不可或缺的工具，它详细记载了客户的基本信息以及与公司之间的业务交往概况。

给每位客户建立一个独立的客户资料卡，以便分析掌握客户业务发展情况。做到心中有数、有的放矢。可以建立纸质卡或是电子卡。

其主要内容包括：

#### 1. 客户档案栏

客户的相关信息包括但不限于：名称、地址、联系电话、具体联系人、账号详情、税号、法定代表人身份、当前经营状况、结算条款等，部分情况下还可能涵盖信用额度设定及信用期限等额外信息。

#### 2. 业务往来栏

按日期填写历次货物发送、退货的品种、数量、价格、销售奖励、结算方式、结款额、应收账款额和累计账款额。

#### 3. 客户建议栏

记录并反馈客户对公司的具体需求、建议以及公司对此的处理进展。

#### 4. 评价栏

对客户在信用保障、销售实力、发展潜力及对公司支持程度等多个维度进行综合评估，可定期对客户评级，如惠普的 4A、3A、2A 客户评定。

ABC 分类法，亦称帕累托分析法、柏拉图分析法、主次因素分析法等，是一种通过识别事物在技术或经济上的关键特征，将其分为 A、B、C 三类，以区分重点与一般，从而实施差异化管理的分析方法。因其分类特性，故又称 ABC 分析法。

VIP（全称 Very Important Person），即"重要人物"或"贵宾"，泛指在组织、活动、社团、国家等场合中具有特殊地位或重要影响力的访客，也常被称作"贵客""重要人士""高端用户""尊享会员"等。

二八法则，又称 80/20 定律、帕累托定律、巴莱多定律、省力法则或不平衡原则，是19 世纪末 20 世纪初由意大利经济学家巴莱多所发现的社会学及企业管理学原理。该法则指出，在任何一组事物中，最重要的部分往往只占 20%，而其余 80% 则相对次要，因此得名二八定律。

# 任务2 留住客户

## 情境导入

模拟公司在潜在获取客户信息，建立客户档案基础上要开展一系列活动来留住客户。

## 任务描述

客户服务管理的核心哲学在于，企业的所有经营活动均应以满足客户需求为起点，致力于提供契合客户期望的产品或服务，并将客户满意视为企业经营的最终追求。

## 任务分析

各模拟公司进行客户需求识别与处理客户抱怨，进行有效沟通达成交易。

## 任务实施

### Step1：识别客户需求

(1)以模拟公司为单位，设定一个场景，如一个年轻男子到旅游公司询问旅游线路，或一位年轻姑娘到房地产公司买房，或小李是一名业务人员到某公司就产品规格及质量等级进行会谈等，选出角色进行表演。

(2)通过与客户间的沟通，了解客户的真实需求是什么，识别影响客户购买决策的因素。

(3)在交谈过程中，服务人员要认真做好记录，逐步发现客户的真实需求，并善于利用学到的理论知识，实现学做一体化。

(4)各模拟公司在角色扮演过程中，由其他公司进行观察和评价。

要求：

(1)识别客户需求前，列出涉及客户需求的相关细节。

(2)注意把握与客户交谈的气氛。

(3)在交谈中，相关业务人员要善于使用沟通技巧。

(4)根据交谈情况，形成客户需求资料。

## 知识加油站

### (一)客户的真实需求是什么(马斯洛需求层次理论)

生理需求，即维持人类基本生存所不可或缺的需求，涵盖了穿衣保暖、饮食充饥及住宿安身等基本方面。

安全需求，即关乎个体对自身生命、财产安全及健康状态的保障需求。因此，在推销产品时，确保产品质量的合格与安全的保障，以及助力客户维持或提升其安全状态，是至关重要的。

社交需求，体现了人们对于爱与情感的给予与接受，以及受到重视与接纳的渴望。在与客户交往的过程中，不妨以结识朋友、交流情感的心态相待，或邀请客户参与团体活动，使交易行为超越单纯的买卖关系，融入更多的人文关怀。

尊重需求，是人们对于社会地位稳固、个人能力与成就得到社会认可的追求。在与客户沟通时，应充分尊重客户的意见，并让客户感受到这份尊重。了解客户的需求，并非仅仅为了促成交易，更是为了帮助客户明确满足需求的途径。唯有如此，方能赢得客户的积极配合。

自我实现需求，作为需求的最高层次，代表着个人理想、抱负的实现，以及个人能力的最大限度发挥。这类客户多为成功人士，他们期望企业能够持续壮大、利润持续增长、身份地位不断提升。对于他们的规划，销售人员应给予充分的赞同与支持，并提供能够助力其实现目标的产品与服务。

### (二) 影响客户购买的决定因素

#### 1. 内在因素

动机：源于需求，需求是个体对特定事物的渴望或要求。在消费者层面，需求体现为对物质和精神满足的追求。马斯洛提出的"需求层次理论"将其划分为生理需求、安全需求、社交需求、尊重需求及自我实现需求五个层次。消费者的购买动机是内在需求与外界刺激相互作用的结果，这种相互作用激发了消费者采取行动的动力。

感受：在消费者决策过程中，对外界刺激物或情境的反应，扮演着重要角色。感受涵盖了消费者的感觉与知觉，对购买行为产生深远影响。

态度：是个人对事物喜好、情感倾向及行为意向的综合体现。消费者的态度对其购买行为具有显著影响，因此，企业营销人员应深入研究消费者态度，以制定更有效的营销策略。

学习：是指个体因经验积累而导致的行为变化。在消费者购买和使用商品的过程中，他们逐渐获得并积累知识，并根据这些经验调整购买行为。学习是一个由驱动力、刺激物、提示物、反应和强化相互作用、共同影响的动态过程。

#### 2. 外在因素

企业在制定营销策略时，应当充分重视相关群体对消费者购买行为的潜在影响，并巧妙利用这一影响来推动营销活动。同时，需认识到不同商品受相关群体影响的程度存在差异：商品的高可见度、独特性、低购买频率以及消费者对商品知识的匮乏，都会增强其受相关群体影响的程度。

社会阶层是根据社会准则将社会成员划分为相对稳定的不同层级的现象。各社会阶层在经济状况、价值观、兴趣偏好、生活方式、消费特征、闲暇活动以及媒体接触习惯等方面均展现出显著差异，这些因素共同作用于他们对商品、品牌、购物场所、购买习惯及方式的选择上。

因此，企业在营销实践中，需密切关注相关市场社会阶层的构成与特征，针对不同社会阶层的偏好与需求，采取恰当的信息传播渠道、选择合适的销售地点、运用适宜的销售策略，并提供符合其需求的产品与服务，以实现精准营销。

### (三) 相关业务人员的沟通技巧

沟通前确定主题。不管销售顾问还是技术顾问，在与客户沟通之前，需要确定相关主题。在大多数情况下，客户一般比较忙，如果是无主题式的拜访和沟通，难以达到一定的效果，尤其是技术人员。但作为销售人员，不定期地拜访客户是很有必要的，一定的技巧能够促进项目取得新的进展。

抓住主题，沟通时间不要太长。项目前期的沟通是非常重要的，沟通前应进行精心准备，以便在沟通的过程中多介绍自己的解决方案。这种情况在项目投标中也经常发生，在投标过程中经常存在因为时间不够而不得不中途终止或拖延时间，从而影响投标结果的现象。所以，应该抓住主题，切记沟通时间不要太长。

深入了解沟通对象。在沟通启动之前，深入了解沟通对象的背景信息至关重要。这包括评估客户的过往经验，以及识别自身产品与其现有解决方案之间的差异化特点，从而量身定制沟通策略，以期达到最优的沟通效果。

面对不同的听众，采取不同的沟通方法。沟通直接面对的是不同层次的人员，所以，在沟通前应该了解清楚沟通面对的是什么样的听众，针对不同的听众准备不同层次的内容，在难以了解的情况下，需要在沟通的时候随机应变，以便更好地给不同层次的人员展现公司形象和品牌。

沟通需强化优点和差异性。在市场竞争激烈的今天，产品同质化越来越明显的情况下，如何更好地进行沟通，强化优点和差异性是非常关键的。

了解客户的决策过程和主要需求。沟通的主要目的是更好地了解客户主要需求和决策过程。所以，在沟通结束后，应该及时总结客户的主要需求，以便更进一步提出更加合适的解决方案。

确保沟通的有效性。验证沟通成效的一个直接方法是，通过提问的方式让客户复述或反馈所接收到的信息。观察客户的反应，分析他们的回应内容，是评估沟通效果并据此调整策略的有效手段。

销售您自己。与客户进行有效沟通时，应以直率、真诚、客观的态度，结合积极热情的个人魅力，与客户建立起友好而互信的关系。这不仅有助于深化双方的交流，也是销售过程中不可或缺的一环，旨在通过个人形象的正面展示，促进与客户的良好互动。

### Step2：处理客户抱怨

（1）某电子产品零售店内，一位客户（小张）对其购买的笔记本电脑性能不满，前来投诉。店员（小李）负责接待并处理此次客户抱怨。

（2）扮演店员小李的同学要了解事情的原委，安抚客户小张的情绪，提出解决意见和方法；扮演客户小张及围观群众的同学要提出确切不满的理由。

（3）双方进行现场沟通，尤其是店员小李处理问题的方式和方法对问题的解决非常重要。

（4）其他同学作为观察者，现场记录双方的沟通与争辩过程。

（5）人员轮换，重复模拟。

**要求：**

（1）扮演者要进入角色，从该角色的身份和思维出发，作出合理的反应。

（2）保持对话的流畅性和自然性，避免生硬或机械的回答。

（3）在处理客户抱怨时，要展现专业素养和诚意，确保客户感受到被重视和尊重。

### 知识加油站

#### (一) 安抚客户情绪

首先自己不要慌张，慌张只会增加客户情绪的继续波动，保持镇定、自信，耐心听客户讲完，不要打断客户的说话，在客户抱怨时以十分同情和理解的态度去倾听。

当客户说完之后，他会期待你的回复，不要着急地讲出客户刚才说的哪里不对，而是将产品或者服务的细则要求，特别是客户误解的地方，加以详细阐述，客户自己就会知道他不对的地方，但是不要摆明指出，会伤害客户的自尊。给客户表达自己很高兴处理他的问题，而且在之前也有客户提出相类似的问题，暗示他不是一个人受委屈，以公司的立场给客户讲清楚其中的缘由。

有效掌握通话主动权，为了保证服务质量，同时提高工作效率，需要在通话中有效引导用户，在客户理不清思路或者多次重复问题时，能够让客户随着我们的节拍走。

营造良好的沟通氛围，融入客户世界，让客户愿意跟着我们的步骤走，并最后给予有效的解决方案，得到客户认可，也就是同步与引导。

#### (二) 客户经理处理问题的方式和方法

先处理心情，再处理事情：耐心、平静、不打断客户陈述，倾听客户的不满和要求，平复客户的心情，然后再来处理事情。

记录原则：把客户反映的情况，按照《客户投诉登记表》栏目要求进行登记。

道歉原则：不论客户投诉是否合理有效，其至少为此感到不满、付出了时间和精力，因此首先应该为此事表示歉意。

迅速处理原则：能当场作出解释的，应当场给客户解决。如超出权限范围的，需马上向上级领导汇报，便于及时确认解决方案及予以回复，以示对客户的重视和尊重。

##### 1. 因产品质量引起的投诉

第一，因产品使用不当引起投诉，向客户解释产品的正确使用方法和常见的问题处理办法。

第二，因产品包装、漏液等引起投诉，应根据退换货规定进行退换货程序。

第三，因无法明确是否产品质量问题的，应通知相关人员前往现场对投诉问题进行界定，确定属于明显质量问题，应该采取积极的态度，合情、合理地向客户解释公司一定会及时采取措施进行处理。

##### 2. 因服务质量引起的投诉

客户反映的服务包括送货员、业务员和客服人员的服务质量问题，应详细登记投诉的内容，根据具体的情况，反映给相关部门进行处理。

##### 3. 处理客户抱怨的原则

第一，树立"顾客永远是正确的"的观念。

第二，克制自己，尽量避免感情用事。

第三，牢记自己代表的是公司整体形象。

第四，迅速。处理抱怨时切记不要拖延时间，正确的做法是：立即处理。

第五，诚意。只有真诚才能打动顾客的心，化解顾客的怨气。

第六，向顾客"稳重+清楚"地说明事件的缘由。

### (三)客户投诉的总结与归档

每月进行投诉的整理并总结，对于投诉中总结的教训或经验，必须进行内部通报和宣讲，以达到惩前毖后的效果；相关部门必须根据公司实际情况制定出相应的制度或措施，并颁布实施以避免同类事件再次发生；每月的投诉事件的处理结果、总结的经验整理汇总后存档。

# 任务 3　升级客户

### 情境导入

模拟公司在与客户建立有效沟通达成交易的基础上，要进行客户关系提升管理，提升客户忠诚度。

### 任务描述

模拟公司开展一系列活动使客户对公司产品或服务产生好感，形成"依附性"偏好，进而形成重复购买习惯。

### 任务分析

各模拟公司进行提高客户忠诚度，提升客户关系的管理并达成升级客户的目的。

### 任务实施

#### Step1：提高客户忠诚度

##### (一)各模拟公司讨论分析案例，解决案例中提出的问题

**南洋宾馆的客户服务**

李总因业务频繁往返于国内与新加坡，首次入住南洋宾馆时留下了深刻印象。当他第二次踏入这家宾馆时，大堂接待员礼貌地询问："李总，是否需要为您预留早餐服务？"李总略显诧异："你怎么知晓我姓李？"接待员微笑着回答："根据宾馆的规定，每位宾客的姓名都会在当晚由我们熟记于心。"这让李总颇为意外，毕竟他游历全球众多高端住宿场所，却未曾享受过如此待遇！

步入餐厅，一位服务员迎上前来，亲切地问道："李总，还是偏爱那个靠窗的位置吗？"李总心中的好奇更甚，毕竟上次光顾已是半年前的事，难道这里的员工都拥有超群的记忆力？见李总面露疑惑，服务员连忙解释说："是通过查阅我们的顾客数据库得知，您上次是在 3 月 15 日，坐在窗边第二个位置享用了早餐。"李总听后，爽朗笑道："老地方，就老地方吧！"服务员接着问："还是以往的菜单，一份班尼迪克蛋，一杯拿铁，配一份水果沙拉？"李总点头赞许，"老菜单，正是我想要的！"

用餐期间，服务员额外赠送了一份精致的开胃小菜，李总未曾见过，便询问其名。这时，服务员巧妙地后退两步，礼貌地说："这是我们精心准备的特色小菜，特意为您呈上，希望您能喜欢。"这样的举动，是为了避免近距离交谈时可能的不便，展现了其周到的服务意识。这样的服务细节，即便李总在欧美顶级酒店中也未曾遇见。

之后的日子里，李总因工作繁忙，连续两年未再踏足新加坡。然而，在他生日那天，一封来自南洋宾馆的贺卡及一封满载深情的信件不期而至，信中表达了全体员工对他的深深怀念，并期盼他的再次光临。李总深受感动，当即决定，下次赴新，南洋宾馆必是首选，并要将这份美好的体验分享给所有朋友。

南洋宾馆的经营哲学并不新奇，他们坚守的是古老而有效的原则：提供极致的人性化服务。不同之处在于，当其他酒店满足于基本的服务标准时，南洋宾馆却在细节上不断深耕，将人性化服务渗透到每一个细微之处，不遗余力地追求完美。正因如此，他们凭借超越同行的服务品质，轻松赢得了顾客的心，酒店常年客满也就不足为奇。

南洋宾馆的成功案例引人深思。在竞争日益激烈的今天，仅仅完成"规定动作"、满足于平均水平，显然不足以在市场中脱颖而出。唯有不断创新，力求超越，将每一个细节做到极致，才能在激烈的竞争中占据优势，赢得最终的胜利。

**问题：**

(1)结合案例，分析如何提高客户的忠诚度。

(2)案例中有哪些值得学习的服务技巧？

**要求：**

(1)认真阅读案例，体验通过培育客户忠诚度，与客户建立长期的相互信任的伙伴关系，对提升企业业绩的意义。

(2)认真分析案例，并通过各种渠道，收集提高客户忠诚度的有效途径，每位学生写出一份案例分析提纲。

## 知识加油站

做好客户服务，提高客户忠诚度有十大原则，企业只有把握好了这些原则，才能真正地为产品带来的附加价值。

以下是提高客户忠诚度的十大原则：

### (一)产品质量与定价

产品质量是构建优质服务与提升客户忠诚度的基石。消费者对品牌的忠诚往往源于对其产品质量的信赖。高质量产品能树立良好口碑，赢得消费者青睐。同时，合理的价格策略亦至关重要，企业应追求正常利润，避免暴利行为，定价需符合消费者"心理预期"。过高或过低的定价均可能削弱购买意愿。

### (二)产品知识与服务传递

企业应确保服务人员全面了解产品，以便向客户提供专业服务和解答，增强客户信任。服务人员应主动掌握产品、服务及折扣信息，预测并应对客户疑问。

### (三)客户洞察与服务优化

深入了解客户需求与消费习惯，有助于提供定制化服务。通过沟通倾听，识别不满根源，促进服务提供者与客户间的相互理解，提升服务效率，降低服务成本，增加企业利润。企业应跳出自我视角，从客户角度出发，甚至体验竞争对手服务，以获取有益洞察。

### （四）服务品质与客户口碑

企业应致力于创造愉悦购买体验，超越客户期望。满意客户将成为企业"非正式"营销人员，通过口碑传播吸引新客户，降低获客成本，提升企业利润。

### （五）客户满意度与企业经营质量

客户满意度是衡量企业经营质量的重要指标。通过调查、面谈等方式，了解客户的真实需求，优化服务策略。客户满意度受法律等外部因素影响，企业应理性追求客户满意度，避免极端行为。

### （六）超越期望的服务创新

企业应超越常规，提供惊喜服务，寻找常规外的机会，增加选择多样性。高标准服务虽可能被模仿，但持续改进可保持竞争优势。

### （七）个性化需求满足

企业应摒弃"大众营销"思维，注重客户个性化需求。通过收集客户信息，分析其语言与行为，实现定制化服务。忽视客户，将影响产品或服务吸引力。

### （八）客户问题处理与忠诚度提升

建立长期信任关系需妥善处理客户抱怨。研究表明，不满意客户中仅少数人投诉，多数转向其他企业。鼓励投诉并解决问题，可将不满意客户转化为忠诚客户。解决重大问题后重购率为4%，小问题则为53%，迅速解决投诉可使重购率提升至52%~95%。

### （九）简化购买流程

企业应简化购买程序，包括减少书写、填表步骤，帮助客户快速找到产品，解释功能，简化交易过程，制定标准化服务流程。

### （十）内部客户服务与忠诚度构建

内部客户（员工）构成外部客户服务循环的关键部分。内部服务水平直接影响外部客户的满意度与忠诚度。忽视内部客户服务将导致客户流失率上升，盈利能力下降。因此，企业应重视内部客户服务，提升员工工作效率，确保外部客户获得优质服务。

## Step2：提升客户关系管理

### （一）各模拟公司讨论分析案例，解决案例中提出的问题

#### 与客户互动是成功的关键

一位客户在销售员的帮助下买下了一所大房子。房子虽说不错，可毕竟是价格不菲，所以总有一种买贵了的感觉。几个星期之后，房产销售员打来电话说要登门拜访，这位客户不禁有些奇怪，因为不知他来有什么目的。星期天上午，销售员来了，一进屋就祝贺这位客户选择了一所好房子。在聊天中，销售员讲了好多当地的小典故，又带客户围着房子转了一圈，把其他房子指给他看，说明他的房子为何与众不同。还告诉他，附近几个住户都是有身份的人，一番话，让这位客户疑虑顿消，得意满怀，觉得很值。那天，销售员表

现得很热情甚至超过卖房子的时候，他的热情造访让客户大受感染，这位客户确信自己买对了房子，很开心。一周后，这位客户的朋友来这儿玩，对旁边的一栋房子产生了兴趣。自然，他介绍了那位房产销售员给朋友。结果，这位销售员又顺利地完成了一笔生意。

**问题：**

(1)结合案例，分析这位销售员成功的关键是什么？

(2)请说明这个案例带来哪些启示？

**要求：**

(1)认真阅读案例，体验通过与客户互动，达到与新老客户保持良性的互动关系对企业的重要性。

(2)认真分析案例，并通过各种渠道，收集提升客户关系的有效途径，每位学生写出一份案例分析提纲。

### 知识加油站

客户关系是指企业为实现其经营目标而积极构建与客户之间的各种关联。这种关联形态多样，可能表现为简单的交易往来，也可能涉及深度的沟通交流，或是为客户提供独特的互动平台，甚至是为了共同利益而建立的买卖契约或战略联盟。客户关系展现出多样性、差异性、持久性、竞争性以及互利共赢的特性。它不仅能够促进交易的便捷性，降低交易成本，还为企业提供了深入理解客户需求及高效交流信息的宝贵契机。客户关系管理(CRM)正是围绕这一系列客户关系活动而展开的综合性管理策略。

客户关系的维护方式有三项内容：

#### (一) 了解客户

企业必须考虑：客户处于哪个消费区间，是价值客户、潜力客户、迁移客户，还是冰点客户；客户有哪些显性需求与潜在需求；他们希望通过哪些渠道以怎样的方式来满足；企业有哪些资源能够让客户得到满足；驱动客户产生购买的因素有哪些；如何提高客户满意度。

#### (二) 内部变革

客户关系的一个效应是员工忠诚度，员工提供给客户价值的同时，自身价值也会实现，形成员工满意度和客户满意度共同提升的良性循环，而这个循环的结点是利润。变革从直接接触客户的服务或者销售部门开始，然后以客户为中心实现财务、人力资源和研发管理等多部门的整合，建立起以客户为导向的企业。

#### (三) 两个层面

(1)战略层面：用财务利益维系靠的是客户得到优惠或照顾，见效快，但是容易被跟进模仿，不能长期持续。财务利益和社会利益双管齐下则可以通过了解需求，让服务更加个性化和人性化，能有效减少客户"跳槽"。

(2)战术层面：建立信任，用真诚和友善打动客户；出奇制胜，用新奇的产品或服务吸引客户；保持一致，让客户能够得到需要的满足，并能预测之后的好处；双腿走路，用关系带销售，用销售养关系；文化渗透，形成品牌文化链；时时维护，保持交往频率和强度，防止竞争对手见缝插针；真实可靠，价值的交换才能让关系牢不可破。

提升客户关系管理的技巧有：

（1）重塑认知，深刻理解客户关系管理的核心价值。企业管理者需率先垂范，高度重视并积极推动。

（2）塑造企业文化，完善客户管理架构。客户关系管理不仅是企业业务流程的全面体现，更是企业与外部市场及客户沟通的桥梁。因此，企业需以客户为中心，构建与之相匹配的企业文化体系，培养前瞻性的商业战略视角。

（3）平衡技术与人力，实现 CRM 系统的深度整合。CRM 系统不仅是技术的革新，更是技术与管理的深度融合。企业应着力培养一支精通系统操作的员工队伍，确保在信息技术层面为构建稳固的客户关系提供坚实的支撑。

（4）融合营销模式，提升客户忠诚度。企业应基于客户关系管理的核心理念，形成一套贯穿营销全链条的战略思维，从产品设计、渠道拓展、价格策略到促销活动，均应深入洞察客户需求，致力于为客户创造更大价值，从而有效提升客户忠诚度。

## 项目实训

【实训内容】

角色扮演分配：实训中，至少四名同学将分别化身房地产公司的客户经理、购房客户、物业公司管理者及现场旁观者（模拟围观群众）。

情景模拟：客户经理需深入了解事件背景，有效安抚购房客户情绪，并提出合理的解决方案；购房客户及旁观者需提出明确的退房理由；物业公司管理者则需阐述自身立场与理由。

现场互动：双方将展开直接沟通，客户经理的处理技巧与方式、物业公司管理者的态度均对事件解决至关重要。

观察记录：其余同学作为观察者，需细致记录双方沟通与辩论的全过程。

角色轮换：实训将进行多次模拟，同学们将有机会轮换角色，体验不同视角。

要求：

（1）扮演者需完全融入角色，依据其设定的身份与思维方式作出自然反应。

（2）房地产公司的客户经理需依据公司或个人既定的投诉处理流程，提出针对性的解决方案。

（3）物业公司管理者需针对投诉内容，提出详细且可行的解决方案。

（4）购房客户需从自身立场出发，有理有据地争取最有利的解决方案。

（5）旁观同学需保持高度专注，细致聆听双方对话，准确记录关键信息，确保实训效果的全面评估。

【上交实训任务】

处理客户抱怨情景剧录像。

【实训要求】

（1）各模拟公司分工协作完成任务。

(2)时间：6学时(其中，4学时完成吸引客户、留住客户、升级客户的学习，2学时处理客户抱怨情景剧录像)。

(3)文字资料设计合理，内容全面，表述清楚。

【评价标准】

(1)文字材料50%+实训态度10%+模拟公司协作效果20%+成果汇报效果20%，评价标准如表6-1所示。

表6-1　评价标准

| 项目 | 比例 | 评分标准 |
|------|------|----------|
| 文字材料 | 50% | 结构完整、内容表述清楚、条理清晰、排版规范 |
| 实训态度 | 10% | 工作主动、积极参与并完成任务 |
| 模拟公司协作效果 | 20% | 团队分工明确、合作能力强 |
| 成果汇报效果 | 20% | 处理客户抱怨情景剧录像 |

(2)教师评价60%+小组互评20%+自评20%。

# 项目七 开展商务谈判

## 项目任务

  李想所在的公司按照采购计划要进行材料的采购，需要与供应商进行洽谈，针对洽谈业务开展商务谈判工作。

## 项目描述

  任务1：做好商务谈判的准备工作
  任务2：商务谈判实施
  实训目的和要求：
  通过商务谈判的模拟，使学生加深对"模拟公司"经营行为的感性认识；增强营销与谈判的实际能力。注重培养学生处理有关推销业务、购销业务、商务公共关系中人的行为的实际技能。

## 任务1　做好商务谈判的准备工作

### 情境导入

#### 名牌服装进驻大商场的谈判

甲方：好友家商厦
乙方：豪格服饰集团
  豪格服饰集团生产的"梅伊"牌女装系列，是国内女性服装的第一品牌，当代红星范冰冰为产品代言人，更使其服装品牌形象跃居女性服装品牌前列。为了提高市场销量和占有率，公司加大了对二、三线城市开拓的力度。
  好友家商厦是山东德州市的商贸型企业。公司成立于1990年，在本市拥有三家大型商业综合体，年销售额达到10亿元，集团公司拥有300名职工。好友家商厦在卖场设立专柜，引进了大批著名品牌，服务于中高端客户，提升了企业形象。因此，很多国内外著名品牌都竞相进入好友家商厦。

豪格服饰集团在考察了山东市场后，决定在德州、聊城、东营等城市的大商场设立"梅伊"牌女装专柜。2024年10月10日，豪格服饰集团的谈判代表和好友家商厦进行了谈判。

## 📖 任务描述

模拟公司根据商务谈判的需要与要求，进行相关准备工作。

## 🖥 任务分析

商务谈判作为如今商务来往、合作的重要手段，在竞争中的作用越来越大，因此掌握商务谈判非常重要。我国有句古话，知己知彼，百战百胜，做好商务谈判的准备工作对于谈判是非常有必要的。

## 📚 任务实施

### Step1：成立模拟公司

根据所给资料，丰富公司的情况。制作公司介绍及宣传资料，形成PPT。学习工作任务单1如表7-1所示。

表7-1 学习工作任务单1

| 学习项目 | 成立模拟公司 | | |
|---|---|---|---|
| 学习小组 | | 指导教师 | |
| 工作任务描述：根据任务材料的要求组建模拟公司 | | | |
| 1. 具体工作任务：根据所给资料，丰富公司的情况。制作公司介绍及宣传资料，形成PPT。<br>2. 分组讨论制订方案。<br>3. 按照方案进行分工。<br>4. 实施展示。<br>5. 评定成绩。<br>6. 讨论、总结，各小组汇报学习体会，实现学习迁移。<br>上交作业：公司介绍Word文档一份；公司PPT一份(谈判用) | | | |
| 学习条件：<br>1. 商务谈判实训多媒体教室。<br>2. 图片、课件、音像资料、网络资源 | | | |

任务分配表如表7-2所示。

表7-2 任务分配表

| 序号 | 人员名称 | 工作任务 | 完成时间 | 备注 |
|---|---|---|---|---|
| | | | | |
| | | | | |
| | | | | |
| | | | | |

## Step2：组建谈判小组

制作资料：谈判人员履历表、名片、企业营业执照、证明企业产品质量合格的证书、使用说明书等。学习工作任务单2如表7-3所示。

表7-3　学习工作任务单2

| 学习项目 | 制作资料——谈判人员履历表、名片、企业营业执照、证明企业产品质量合格的证书、使用说明书等 | | |
|---|---|---|---|
| 学习小组 | | 指导教师 | |

工作任务描述：根据任务材料，制作谈判成员的履历表

1. 具体工作任务：制作谈判人员履历表、名片、企业营业执照、证明企业产品质量合格的证书、使用说明书等资料。
2. 制作谈判成员履历表。
3. 互相检查。
4. 实施展示。
5. 评定成绩。
6. 讨论、总结，各小组汇报学习体会，实现学习迁移。

上交作业：谈判成员履历表、名片、企业营业执照、证明企业产品质量合格的证书、使用说明书等

学习条件：

1. 商务谈判实训多媒体教室。
2. 图片、课件、音像资料、网络资源

## Step3：进行谈判信息搜集及谈判项目评估

搜集对方公司的相关信息及对对方公司和谈判人员进行分析，形成 Word 文档，对资料进行保密级别设定。根据搜集的信息资料，对谈判项目进行评估，撰写谈判项目可行性分析，并召开会议讨论(录像)。学习工作任务单3如表7-4所示。

表7-4　学习工作任务单3

| 学习项目 | 谈判信息搜集 | | |
|---|---|---|---|
| 学习小组 | | 指导教师 | |

工作任务描述：根据任务材料，搜集对方公司及谈判人员信息以及和谈判有关的资料，形成谈判项目分析报告

1. 具体工作任务：根据所给公司材料情况，进行对方公司市场资料、交易条件资料、竞争对手资料、相关环境资料等的搜集，整理资料并进行保密级别设定。
2. 信息资料的加工。
3. 谈判项目的分析报告。
4. 讨论总结。
5. 评定成绩。
6. 讨论、总结，各小组汇报学习体会，实现学习迁移。

上交作业：对整理的信息资料的分类及保密级别设定；谈判项目的分析报告

| 学习项目 | 谈判信息搜集 |
|---|---|
| 学习条件：<br>1. 商务谈判实训多媒体教室。<br>2. 图片、课件、音像资料、网络资源 | |

任务分配表如表 7-5 所示。

**表 7-5　任务分配表**

| 序号 | 人员名称 | 工作任务 | 完成时间 | 备注 |
|---|---|---|---|---|
| | | | | |
| | | | | |
| | | | | |
| | | | | |

## Step4：分析谈判内容及谈判的目标

学习工作任务单 4 如表 7-6 所示。

**表 7-6　学习工作任务单 4**

| 学习项目 | 分析谈判内容及谈判的目标 | |
|---|---|---|
| 学习小组 | | 指导教师 | |

工作任务描述：根据任务材料，在对谈判项目分析的基础上，进行谈判内容及谈判目标的制定

1. 具体工作任务：根据所给公司材料情况，在对谈判项目评估的基础上，树立谈判内容和己方的谈判目标。
2. 信息资料的加工。
3. 讨论谈判内容和谈判目标。
4. 讨论总结。
5. 评定成绩。
6. 讨论、总结，各小组汇报学习体会，实现学习迁移。

上交作业：Word 版己方的谈判目标和谈判的内容

学习条件：
1. 商务谈判实训多媒体教室。
2. 图片、课件、音像资料、网络资源

## Step5：制订商务谈判方案

（1）根据谈判资料，分析谈判应该涉及的谈判内容。

（2）根据谈判目标，确定己方的谈判主要策略。

（3）根据谈判目标与内容，确定谈判策略和谈判议程等内容。

学习工作任务单 5 如表 7-7 所示。

表7-7　学习工作任务单5

| 学习项目 | 商务谈判方案的制订 | |
|---|---|---|
| 学习小组 | 指导教师 | |

工作任务描述：根据任务材料，在对谈判项目分析的基础上，进行谈判方案的制订

1. 具体工作任务：根据所给公司材料情况，在前期分析的基础上，制订己方的谈判方案。

2. 按照商务谈判方案的格式和内容要求，撰写己方的谈判方案。

3. 谈判方案的审阅与讨论。

4. 谈判方案的确定。

5. 评定成绩。

6. 讨论、总结，各小组汇报学习体会，实现学习迁移。

上交作业：商务谈判方案

学习条件：

1. 商务谈判实训多媒体教室。

2. 图片、课件、音像资料、网络资源

任务分配表如表7-8所示。

表7-8　任务分配表

| 序号 | 人员名称 | 工作任务 | 完成时间 | 备注 |
|---|---|---|---|---|
| | | | | |
| | | | | |
| | | | | |

### 知识加油站

#### (一) 背景调查的内容

谈判要素通常由谈判当事人、谈判议题和谈判背景三个要素组成。

谈判当事人是指参与商务谈判双方派出的人员。另外，有些商务谈判是一种代理或委托活动，代理人充当卖方(或买方)的发言人，在买卖双方中起中介作用，在这种情况下代理人也成为商务谈判的当事人。当事人是商务谈判的主体。

所谓谈判议题，是指谈判需商议的具体问题，是各种物质要素结合而形成的内容。谈判议题是谈判的起因、内容和目的并决定当事各方参与谈判的人员组成及其策略，所以，是谈判活动的中心。没有议题，谈判显然无从开始和无法进行。

谈判背景是指谈判所处的环境，也就是进行谈判的客观条件。任何谈判都不可能孤立地进行，而必然处在一定的客观条件之下并受其制约。因此，谈判背景对谈判的发生、发展、结局均有重要的影响，是谈判不可忽视的要件。

谈判对象所处环境：谈判对象所处的环境是指国家政策、经济条件以及社会环境等。

谈判对象本身的信息：谈判对象本身的信息包括谈判对象的技术实力、市场影响力、生产规模、经营状况、财务状况、信誉情况、支付能力、合同执行能力等。

谈判人员的相关信息：谈判人员是谈判的直接操作者、实施者，因此需要了解谈判人员在对方企业中的职位高低、决策权大小、谈判风格、个人素质、兴趣爱好等。

### (二)信息搜集

在谈判前尽可能充分了解己方尤其是对方的实力、目标意图和双方退让的幅度,这是必不可少的准备工作。主要包括以下几个方面:

(1)谈判对象本身的有关信息。这主要包括谈判对象的技术实力、市场影响力、生产规模、经营状况、财务状况、资信情况和产品的有关性能参数等。

(2)谈判人员个人有关信息。这主要包括谈判人员在对方企业中的职位高低、决策权大小、谈判风格、谈判能力、个性、嗜好等。

(3)谈判对象所处的政治、经济、社会环境等有关信息。它主要包括谈判对象所在国的时局形势,该国的总体经济态势,当时的国际经济形势,该国的风俗习惯、禁忌,还有一些与本次谈判有关的国际惯例等。

(4)双方竞争对手的有关情况。这主要包括我方竞争对手和对方竞争对手的产品技术特点,价格水平以及其他方面的竞争优势对本次谈判的影响。

(5)国家有关方针政策、法律法规等方面的信息。这主要包括国家有关的商品交易政策,税收和合同签订、执行的政策以及海关出入境的政策法规等。谈判前有关信息的收集对增强相互了解、谈判策略的运用,及对对手的预期都是很重要的,可避免谈判中不必要的冲突和矛盾。

### (三)确定谈判的目标

第一,目标合理性。目标的合理性是指谈判目标的制定要依据收集到的各种信息,结合双方的实际情况,合理客观地确定目标,不能脱离实际,主观臆测。

第二,目标层次性。目标层次性是指谈判目标有基本目标、可以接受的目标与期望目标之分。

第三,目标具体性。目标具体性主要指谈判目标的制定不能太空泛,太繁乱,要争取做到详细清楚,尽量做到目标的量化。

### (四)设计谈判方案

首先要确定谈判的主题。其次要拟定谈判要点,主要包括谈判程序、谈判进度控制以及谈判人员的职责分配。最后制定谈判战略和策略。

#### 1. 模拟谈判的主要任务

模拟谈判不是简单的走形式主义,在实际演练中,应当如正式谈判一样对待。为了实现模拟谈判应有的作用,模拟谈判需要完成以下几个方面的任务。

第一,检验本方谈判的各项准备工作是否到位。

第二,寻找本方被忽略的环节,发现本方的优势和劣势。

第三,准备各种应变对策。

在以上工作的基础上,制定出谈判小组合作的最佳组合及其策略等。

#### 2. 模拟谈判的方法

(1)谈判小组的配置原则。

合理想象谈判全过程,合理的想象有助于谈判的准备更充分、更合理、更准确。这些是使用全景模拟法模拟谈判的基础。

尽可能扮演谈判中所有会出现的人物,包含两层含义:一是对谈判中可能出现的所有人物都有所考虑;二是主谈人应扮演谈判中的每个人物。

（2）讨论会模拟法。

讨论会模拟法类似于"头脑风暴法"，它分为以下两步：

第一步，企业组织参加谈判人员和一些其他相关人员召开讨论会，让所有参与人员根据自己的经验，对企业在本次谈判中谋求的利益、对方的基本目标、对方可能采取的策略、己方的对策等问题提出意见和观点。

第二步，相关人员针对谈判中可能出现的情况，以及对方可能提出的问题等提出疑问，由谈判组成员——解答。

（3）列表模拟法。

列表模拟法是最简单的模拟方法，一般使用于小型、常规性的谈判。具体的实现方法是，通过对应表格的形式，分别列出己方经济、科技实力，己方谈判人员的能力，己方的期望目标、可接受的目标和最低目标，己方所采用的策略和这些策略的优缺点。

# 任务 2 　商务谈判实施

## 情境导入

### 家电连锁企业与品牌制造商的谈判

甲方：豪美电器连锁有限公司

乙方：华浩电器有限公司

豪美电器连锁有限公司是全国知名的家电连锁型企业，成立于 2000 年，家电连锁卖场遍及全国一线城市和部分二、三线城市，数量达到 50 多种，销售的电器产品品类齐全，企业以"让利于消费者，为消费者提供优质产品和服务"为经营宗旨。企业每年的采购量和采购金额为家电生产企业所青睐。2015 年年底，公司依据市场需求和企业经营发展的需要，决定加大对生活电器的采购和销售。为此，公司财务年度的生活电器采购预算为 5 000 万元。为了完成采购任务，公司采购部对全国的著名品牌进行了考察和遴选，在扫地机器人、吸尘器产品的选择上，广东东莞的华浩电器有限公司成为备选供货商之一。其中华浩电器有限公司生产的"洁节"牌各类扫地机器人和"好净"牌各类吸尘器，成为豪美电器连锁有限公司的采购焦点商品。

华浩电器有限公司是专业生产扫地机器人、吸尘器的生活电器企业，公司位于广东东莞的工业园，是年销售额 800 万元，职工 200 人的小型企业。公司在生产和技术上力量雄厚，在扫地机器人的研发上投入较大，成为国内该产品的主力企业之一。

2024 年 10 月 20 日，豪美电器连锁有限公司一行人来到华浩电器有限公司进行了考察和谈判。

## 任务描述

模拟公司谈判小组进行商务谈判开局、磋商、成交一系列工作。

## 任务分析

商务谈判是指不同的经济实体各方为了自身的经济利益和满足对方的需要，通过沟通、协商、妥协、合作、策略等各种方式，把可能的商机确定下来的活动过程。它是买卖双方为了促成交易而进行的活动，或是为了解决买卖双方的争端，并取得各自的经济利益的一种方法和手段。

## 任务实施

### Step1：谈判开局

#### 1. 入场

学习工作任务单 6 如表 7-9 所示。

表 7-9　学习工作任务单 6

| 学习项目 | 商务谈判开局——入场 | |
|---|---|---|
| 学习小组 | 指导教师 | |
| 工作任务描述：根据任务材料，进行商务谈判的入场设计 | | |
| 1. 具体工作任务：在谈判开始时双方见面，通过整洁的仪容服饰、得体的举止表情、热情的声音语气、富有力量的介绍和合理的座位安排，完成入场。<br>2. 谈判双方根据谈判任务设计入场情境。<br>3. 模拟演练。<br>4. 确定入场情境，熟练排演。<br>5. 将开场写进谈判过程实录里。<br>上交作业：模拟入场视频，谈判入场实录 Word 版 | | |
| 学习条件：<br>1. 商务谈判实训多媒体教室。<br>2. 图片、课件、音像资料、网络资源 | | |

任务分配表如表 7-10 所示。

表 7-10　任务分配表

| 序号 | 人员名称 | 工作任务 | 完成时间 | 备注 |
|---|---|---|---|---|
| | | | | |
| | | | | |
| | | | | |

#### 2. 寒暄

学习工作任务单 7 如表 7-11 所示。

表 7-11　学习工作任务单 7

| 学习项目 | 商务谈判开局——寒暄 | |
|---|---|---|
| 学习小组 | 指导教师 | |
| 工作任务描述：根据任务材料，进行谈判入场落座后的寒暄设计 | | |
| 1. 具体工作任务：在谈判开始双方见面落座后，选择合适的话题(从题外话入题、从客套话入题、从介绍人员入题、从介绍情况入题)进行开场寒暄。<br>2. 谈判双方根据谈判任务设计寒暄情境。<br>3. 模拟演练。<br>4. 确定寒暄情境，熟练排演。<br>5. 将寒暄写进谈判过程实录里。<br>上交作业：模拟寒暄视频，谈判寒暄实录 Word 版 | | |

| 学习项目 | 商务谈判开局——寒暄 |
|---|---|
| 学习条件：<br>1. 商务谈判实训多媒体教室。<br>2. 图片、课件、音像资料、网络资源 | |

任务分配表如表7-12所示。

表7-12　任务分配表

| 序号 | 人员名称 | 工作任务 | 完成时间 | 备注 |
|---|---|---|---|---|
|  |  |  |  |  |
|  |  |  |  |  |
|  |  |  |  |  |
|  |  |  |  |  |

### 3. 开局气氛的营造

学习工作任务单8如表7-13所示。

表7-13　学习工作任务单8

| 学习项目 | 营造良好的开局气氛 | |
|---|---|---|
| 学习小组 | 指导教师 | |

工作任务描述：根据任务材料的要求完成谈判开局气氛的营造，并进行现场模拟和考核

具体工作任务：

1. 获得相关资料与信息。

(1)熟悉谈判气氛的重要性。

(2)掌握营造高调谈判气氛的方法。

(3)掌握建立良好谈判气氛的方法。

(4)查阅关于材料要求商品的相关信息。

根据谈判己方的目标和方案，进行适当的谈判开局气氛的设计(不少于2种)。

注意：称赞法、幽默法的应用。

2. 分组讨论制订方案。

3. 按照方案进行模拟。

4. 实施方案。

(1)入场。

(2)介绍。

(3)落座。

(4)寒暄。

注：模拟过程可以拍照和录像。

5. 评定成绩。

6. 讨论、总结，各小组汇报学习体会，实现学习迁移。

上交作业：模拟视频，谈判实录(称赞法、幽默法)Word版

学习条件：

1. 商务谈判实训多媒体教室。

2. 图片、课件、音像资料、网络资源

任务分配表如表 7-14 所示。

**表 7-14　任务分配表**

| 序号 | 人员名称 | 工作任务 | 完成时间 | 备注 |
|---|---|---|---|---|
|  |  |  |  |  |
|  |  |  |  |  |
|  |  |  |  |  |
|  |  |  |  |  |

### 4. 开局陈述

开局陈述是指在开始阶段双方针对本次洽谈的内容，分别陈述各自的观点、立场以及建议。

开局陈述的内容，主要集中在谈判的目标(坐在一起谈判的理由)、计划(议程安排)、进度(会谈的速度)和谈判人员(姓名、职务、在谈判中的地位作用)四个方面。

学习工作任务单 9 如表 7-15 所示。

**表 7-15　学习工作任务单 9**

| 学习项目 | 商务谈判开局——谈判陈述 | | |
|---|---|---|---|
| 学习小组 |  | 指导教师 |  |
| 工作任务描述：根据任务材料，进行谈判入场落座后的开局陈述 | | | |
| 1. 具体工作任务：在谈判开始双方见面落座并寒暄后，介绍谈判的目的、谈判计划、谈判中的原则等，主要是交换意见、申明己方意图和了解对方意图等。<br>2. 谈判双方根据谈判任务设计谈判陈述话术。<br>3. 双方分配任务，模拟演练。<br>4. 确定谈判陈述，熟练排演。<br>5. 将谈判陈述写进谈判过程实录里。<br>上交作业：模拟视频，谈判实录 Word 版 | | | |
| 学习条件：<br>1. 商务谈判实训多媒体教室。<br>2. 图片、课件、音像资料、网络资源 | | | |

任务分配表如表 7-16 所示。

**表 7-16　任务分配表**

| 序号 | 人员名称 | 工作任务 | 完成时间 | 备注 |
|---|---|---|---|---|
|  |  |  |  |  |
|  |  |  |  |  |
|  |  |  |  |  |
|  |  |  |  |  |

## Step2：商务谈判磋商与成交

学习工作任务单 11 如表 7-17 所示。

表 7-17　学习工作任务单 11

| 学习项目 | 商务谈判磋商与成交 | | |
|---|---|---|---|
| 学习小组 | | 指导教师 | |
| 工作任务描述：根据任务材料，搜集对方公司及谈判人员信息以及与谈判有关的资料，形成谈判项目分析报告，完成谈判磋商与成交 | | | |
| 1. 具体工作任务：在了解对方意图的基础上，双方就主要内容进行磋商和探讨并最终达成。<br>2. 谈判双方根据谈判任务设计谈判磋商和成交。<br>3. 双方分配任务，模拟演练。<br>4. 确定谈判磋商和成交，熟练排演。<br>5. 将谈判陈述写进谈判过程实录里。<br>上交作业：模拟视频，谈判实录 Word 版 | | | |
| 学习条件：<br>1. 商务谈判实训多媒体教室。<br>2. 图片、课件、音像资料、网络资源 | | | |

任务分配表如表 7-18 所示。

表 7-18　任务分配表

| 序号 | 人员名称 | 工作任务 | 完成时间 | 备注 |
|---|---|---|---|---|
| | | | | |
| | | | | |
| | | | | |
| | | | | |

### 知识加油站

#### 谈判语言

**一、谈判是心智与语言的较量**

为了追求相对利益的最大化，谈判的主体深深地隐蔽其真实意图和目的，以获取最佳的交易机会。即使你的报价是最低的或者是对方可以接受的最低水平，他仍然可能以拒绝接受你的报价来进行讨价还价。这种隐蔽性会使顺利沟通和良好的相互理解变得十分困难。要越过这个障碍，若纯靠气势和优势来压人，则虽胜不荣，必须借助语言的魅力进行沟通，将赤裸的利益之争，通过心智与语言的较量，赢得伟大而又光荣，让对方诚服，此为谈判之"精髓"。

**二、语言沟通的特点**

灵活而不失原则，创新而不忘规范，内容与形式并重。

### 三、语言沟通的基本原则

合作，得体，准确，委婉，通俗，简洁，礼貌，尚美。

### 四、语言沟通的表达方式

#### 1. 委婉表达

有些不宜直接说出来的话，需采取委婉、含蓄的表达方式，因委婉表达能有效地缓和紧张的谈判气氛，打破僵局，摆脱窘迫、尴尬的局面和避免矛盾。它并不意味着说话音调和态度的软弱。

(1)善用温和的言辞，如将"我们不能同意你的要求"变换为"你的要求恐怕我们难以同意"。

(2)善用感情移入法，如将"你有什么不明白的吗"变换为"我有什么没讲清楚的吗?"

(3)善于提供"台阶"给他人"留面子"，如将"贵方的产品质量低劣"变换为"贵方的产品质量，我们心中有数"。

#### 2. 模糊表达

模糊表达不仅能改善谈判气氛，使谈判能顺利地进行，还能试探出对方的真正意图和问题所在，寻求和扩大共同点，以期达到最后的共识。

(1)限于权限，如"就个人而言，我完全同意，但还得先请示我的上司。"

(2)回避直言，如"我们公司的经营政策是很明确的，我们企业的信誉也是众所周知的。"

#### 3. 得体表达

谈判双方常喜欢宣讲自己的优点、优势和所取得的成就等，往往过激，且咄咄逼人。为此，谈判双方应遵循得体和礼貌的表达原则。

(1)少用感叹语气，如将"我们这种设备的性能真是好极啦!"变换为"根据用户反映，这是一种性能良好的设备。"

(2)避免华丽辞藻，如将"这种打火机性能良好，经久耐用。"变换为"这种打火机可以连续操作4万次以上。"

(3)切忌衬托对比，忌以"自己之长"比"他人之短"。

(4)淡化主观色彩。尽量不要作自我鉴定、自我评价，而应谈"我"不见"我"，引用具体的或他人之语。

#### 4. 论辩表达

论辩的关键在于"说"和"陈述"。陈述要明确，论据要充分，论证要有逻辑性，这是专业论辩最基本的特征和要求。

(1)陈述要得体，寓理于例：充分利用事实、例子等，得体陈述其主题和要点，寓理于例，以理服人。

(2)攻心为上，削弱对抗：设身处地理解对方，形成心理的沟通以削弱对抗心理。

(3)以退为进，有礼有节：己方以较小的退让来换取或促使对方较大的让步。

(4)利用矛盾，区别对待：利用对方人员之间的矛盾或竞争者，引导诸对手相互攀比、竞争，加强己方在交涉、谈判中的地位和主动性。

(5)强硬果断，针锋相对：表达态度强硬，带有刺激性和火药味，咄咄逼人，其目的是为了加快处理事情的速度。

### 五、沟通过程中的倾听、发问、答复、叙述及说服

#### 1. 倾听

倾听是谈判者所必须具备的一种修养，是"耳到、眼到、心到、脑到"四种综合效应的听（Listening），而不是运用耳朵、听觉器官的听（Hearing）；不仅要听出对方话语中的"情报"，甚至还要听出对手没有讲出的情报，帮助后续发话的决策；同时注重创造和谐的沟通氛围，确保沟通持续进行和发展。所以，外国有句谚语："用十秒钟时间讲，用十分钟时间听。"可见，倾听在谈判中的意义非同一般。

（1）良好倾听的方式有以下几种。

①迎合式：让对方滔滔不绝地将他的意见和想法和盘托出。

②引诱式：适时提出恰当的问题，诱使对方说出他的全部想法。

③劝导式：用恰当的语言把对方从偏离谈判主题拉回到主题上来。

（2）听的艺术有以下几种表达方式。

①态度认真，满足对方"自尊"需要，引发"互尊"的效应。

②表达出极大的兴趣，调动对方积极性，鼓励对方讲下去。

③不要抢话，不要急于纠正别人的错误或用自己的观点代替别人的观点，否则，会阻塞双方的思想或感情的渠道。

④把一切都听进来，不懂、不清楚、不明白的地方多问，直到完全把握对方的思想为止。

⑤归纳对方的意见，征求对方的认可，给自己一些思考的时间。

#### 2. 发问

发问是使自己"多听少说"的一种最有效的方法。

（1）发问的主要目的。

①收集资料，如"你可否谈一谈你方所希望的付款条件？"

②透视对方的动机与意见，如"哪些因素促使你决定参加此项投标？"

③鼓励对方参与，如"你对整个计划完成日期有什么看法？"

④测定意见是否趋于一致，如"这个建议与你期望中的有无差距？"

（2）发问的方式。

①封闭式发问：回答应是肯定答复（"是"或"不是"）。

②开放式发问：不限定答复的范围，对话者可畅所欲言。

③澄清式发问：让对方做出证实或补充。

④探索式发问：针对对方的答复，要求引申或举例说明。

⑤借助式发问：借第三者的意见以影响对方意见的提问。

⑥引导性发问：暗示对方，按发问方的设计来回答。

（3）应注意的事项。

①若有可能，就事先准备好问题。

②不提无效的问题。

③把握好提问的时机。

④最终提问。

⑤发问后，应保持沉默，等待对方回答。

⑥可以提一些你以往知道答案的问题，以帮助你了解对方诚实度或确认重大问题。

⑦以各种方式反复提问一个问题，从不同的答复中找出破绽，发现对方的真实意图。

⑧突然提问涉及对方要害问题，让对方在无意中吐露真情，但不可多用。

### 3. 答复

在谈判中，各方往往或多或少地感受到一股非及时答复不可的压力。面对压力，不在于回答对方的"对"或"错"，关键在于应该说什么、不应该说什么和如何说。具体应遵循的原则如下：

①预先应有充分的思考时间，并准备好应答策略。

②对没有清楚了解真正含义的问题，千万不要随意回答。

③对一些不值得回答的问题或一些不便回答的问题，最好是顾左右而言他，或拖延或拒答。

④把握应答的范围，对只需作局部答复的问题，决不"和盘托出"。

### 4. 叙述

谈判中的叙述是一种不受对方提出问题的方向和范围制约的带有主动性的阐述，是谈判中传递信息、沟通感情的一种方法。应掌握的主要技巧是：

①用对方能听懂的语言进行沟通。

②不随便发表与谈判主题无关的意见。

③主次分明，层次清楚。

④事实客观。

⑤随时纠正叙述中出现的错误。

⑥必要时，进行重复。

⑦避免使用包含上、下限的数值。

⑧在谈判结束时，最好能给予谈判对方正面的评价。

### 5. 说服

说服是改变对方的起初想法而接受己方的意见，是谈判成功的关键。应掌握的主要技巧是：

①努力寻求双方共同点。

②强调彼此利益一致性。

③诚挚说明接受你的意见将会有什么利弊得失。

④耐心细致。

⑤由浅入深，从易到难。

⑥不用胁迫或欺诈的方法。

目标：理解和掌握语言沟通的各种表达方式、不同的表达效果；熟悉谈判各阶段常用语句。

### 语言沟通训练

#### 一、委婉表达训练

下列句子在沟通过程中存在着"过分强调自我""过分刺激对方""伤害对方""增强对抗

的心理"等弊端，请你用委婉的表达方式，可改变用词，但不改变原句表意。

(1)我方的产品是市场上最好的。

(2)我们要求你方立即交货，否则，我们不同意你方报价。

(3)你们那样做，真是太不明智了。

(4)如所退货物已污损，无法销售，我们将不接受退货。

(5)如果你没理解我所说的，我再重复一遍。

(6)你有什么不明白的吗？

(7)贵方的产品质量太差劲。

过程实录如表7-19所示。

表7-19　过程实录

| (1) | |
|-----|---|
| (2) | |
| (3) | |
| (4) | |
| (5) | |
| (6) | |
| (7) | |

### 二、模糊表达训练

从下述谈话中挑出模糊表达的词语，并作分析。

项目背景：

史密斯：王先生，我想知道你方报盘。

王先生：好的，史密斯先生。我方一直替你留着该盘，80打羊毛套头衫，每打160美元。

史密斯：价格太高了！我们很难做开。

王先生：听你这么说，我感到吃惊。你要知道，自去年以来，羊毛套头衫的价格上涨幅度很大，可我们的价格却无大的变动，相比而言，是很优惠的。

史密斯：对此，我恐怕难以同意你的说法，日本入市价格就较低一些。

王先生：不过，经营此衫的商家应知道，中国的质量是上乘的。从质量方面来考虑，我认为价格是很合理的。

史密斯：毫无疑问，贵方的产品质量是高，但现在市场竞争激烈，我知道有些国家在降价。

王先生：我方的产品是以质量取胜，有很少产品能在性价比上竞争过我方。

史密斯：但是要说服我的客户接受你们的价格是很难的。

王先生：坦率地说，如果不是鉴于我们的友好关系，我本来不考虑以此价来报实盘的。

史密斯：看来我别无选择，只好接受了。

王先生：我很高兴我们能谈妥价格。

过程实录如表7-20所示。

表 7-20 过程实录

| 背景中的模糊表达的词语 | |
|---|---|
| | |

## 三、得体表述训练

结合"得体表述"的要求，分析下列句子存在的缺点，并转换。

（1）我们这种设备的性能，真是好极了！

（2）这种打火机性能良好，经久耐用。

（3）我们企业发展速度快，海内外闻名，产品深受用户欢迎。

过程实录如表 7-21 所示。

表 7-21 过程实录

| (1) | |
|---|---|
| (2) | |
| (3) | |

## 四、倾听训练

**项目背景：**

日本一家公司和美国一家公司进行一次较大规模的贸易谈判，由于美方有求于日方，因此谈判一开始，美方代表就滔滔不绝地讲个没完。而日方却一言不发，只是挥笔疾书，把美方的发言全部记录下来，然后提议休会，第一轮谈判结束。

6个星期以后，日本公司又派了另一个部门的几个人来到美国，进行第二轮谈判。这批新到美国的日本人，仿佛根本不知道以前讨论了什么，谈判只好从头开始。美方代表照样滔滔不绝，侃侃而谈。日方代表仍一言不发，记下大量笔记又走了。以后，日方第三批、第四批、第五批代表都如法炮制，在谈判桌旁除了记录大量的笔记外，没有阐述任何实质性意见。

两年过去了，日本公司对贸易谈判毫无反应，把美国公司弄得"丈二和尚摸不着头脑"，只能抱怨日方没有诚意。正当美国公司感到绝望时，日本公司的决策代表团突然来到了美国，一反常态，要求美方尽快表态，拍板成交，弄得美方措手不及，十分被动，从而使日方获得了谈判的胜利。

过程实录如表 7-22 所示。

表 7-22　过程实录

| 日方成功的关键 | |
|---|---|
| | |

### 五、有效发问的训练

分析以下 3 个问句存在的问题并纠正。

(1)"你对这个问题还有什么意见?"

(2)"不知各位对此有何高见? 请发表!"

(3)"这香烟发霉了吗?"

过程实录如表 7-23 所示。

表 7-23　过程实录

| (1) | |
|---|---|
| (2) | |
| (3) | |

### 六、问句分类

请将下述问句依照"引导式、探索式、借助式、封闭式、开放式、澄清式"的标准归类。

(1)这样的报价,对你我都有利,是不是?

(2)你同意这个价格吗?

(3)你对我方的报价有何看法?

(4)根据你的陈述,我理解……是这样的吗?

(5)在交货时,难道我们不考虑入境的问题?

(6)我们负责运输,贵方在价格上是否考虑考虑?

(7)你是否认为"上门服务"没有可能?

(8)告诉我,你至少要订购多少?

(9)我们请教了××顾问,贵方报价较高,请你考虑是否把价格再降一些。

(10)请你考虑签订一份两年的合同好吗?

(11)你的报价是怎样算出来的?

(12)你刚才说,对目前所进行的这笔买卖,你可以作取舍,这是不是说,你拥有全权跟我们谈判?

过程实录如表 7-24 所示。

表7-24 过程实录

| (1) | |
|---|---|
| (2) | |
| (3) | |
| (4) | |
| (5) | |
| (6) | |
| (7) | |
| (8) | |
| (9) | |
| (10) | |
| (11) | |
| (12) | |

### 七、巧妙答复技巧分析

分析以下5个句子存在的缺点，并转换。

(1)在答复您的问题之前，我想听听贵方的观点。

(2)很抱歉，对您所提的问题，我并无第一手资料可作答复，您叫我怎么说呢……

(3)我不太清楚你所说的含义是什么，是否请你把这个问题再说一下。

(4)我们的价格是高了一点，但产品的关键部位使用了优质进口零件，延长了产品的使用寿命。

(5)贵公司的要求是可以理解的，但我们公司对价格一向采取铁腕政策，因此，实在无可奉告。

过程实录如表7-25所示。

表7-25 过程实录

| (1) | |
|---|---|
| (2) | |
| (3) | |
| (4) | |
| (5) | |

## 项目实训

【实训内容】

(1)各模拟公司分别代表中法双方谈判人员。

（2）展开前期调查，制订商务谈判方案，完成组内分工。

（3）运用恰当的策略和成交技巧开展各阶段的谈判。

**【上交实训任务】**

商务谈判方案 1 份。

模拟谈判录像。

**【实训要求】**

（1）各模拟分工协作完成任务。

（2）时间：6 学时（其中，3 学时完成商务谈判方案与组内分工，3 学时模拟商务谈判并录制视频）。

（3）文字资料设计合理，内容全面，表述清楚。

**【评价标准】**

（1）文字材料 50%+实训态度 10%+模拟公司协作效果 20%+成果汇报效果 20%，评价标准如表 7-26 所示。

表 7-26　评价标准

| 项目 | 比例 | 评分标准 |
| --- | --- | --- |
| 文字材料 | 50% | 结构完整、内容表述清楚、条理清晰、排版规范 |
| 实训态度 | 10% | 工作主动、积极参与并完成任务 |
| 模拟公司协作效果 | 20% | 团队分工明确、合作能力强 |
| 成果汇报效果 | 20% | 模拟商务谈判视频录制效果好 |

（2）教师评价 60%+小组互评 20%+自评 20%。

# 第四篇　"模拟公司"持续发展

# 项目八　企业形象和品牌管理

## 项目任务

李想所在的公司通过提升企业内部素质，建立与宣传企业品牌形象为目的的形象与品牌管理，从而整体提升企业在市场的位置。

## 项目描述

任务1：企业形象管理

任务2：企业品牌管理

实训目的和要求：

通过团队完成实训项目，深刻理解企业形象设计的意义，掌握企业形象设计的三要素，深刻理解实施品牌策略的重要性，锻炼实施品牌策略及对企业品牌进行管理的能力。

## 任务 1　企业形象管理

### 情境导入

对企业进行形象管理在创造良好的经营环境等方面具有其他任何一种经营战略都不可比拟的作用。

不仅可以形成企业的内聚力，吸引优秀人才，使企业摆脱困境，摆脱旧的企业形象，而且可以促进产品的销售，拓展事业领域，有效地改善公共关系，全面提高企业形象。

### 任务描述

模拟公司进行企业与员工形象设计并且进行广告策划工作。

### 任务分析

以知识链接形式阐述如何进行企业形象设计，同时设计产品和员工形象，进行广告的具体策划。

### 任务实施

#### Step1：企业形象设计

##### 光辉足迹——百事可乐的品牌塑造之旅

有人将百事可乐赞誉为"活力之水"，这一美誉绝非空穴来风。在全球软饮料市场中，百事可乐以独特的品牌魅力和创新的营销策略，与可口可乐并驾齐驱，共同引领着行业的发展潮流。百事可乐的成功，不仅在于其卓越的产品品质，更在于其精心策划的品牌形象设计与市场扩张战略。

**起源与品牌命名**

19世纪末，在美国北卡罗来纳州的一家小药店里，药剂师卡尔·布拉德汉姆（Caleb Bradham）研发出了一种新型的碳酸饮料。他灵感突现，将这种饮料命名为"Pepsi-Cola"，寓意着带来愉悦与活力。与可口可乐相似，百事可乐的命名并无复杂背景，却朗朗上口，易于记忆，为品牌日后的广泛传播奠定了坚实基础。

**品牌发展与全球扩张**

初期发展：百事可乐最初是作为一种药用饮料问世的，但很快便因其独特的口感和清新的气息而赢得了消费者的喜爱。1903年，布拉德汉姆正式成立了百事可乐公司，开始了其商业化的旅程。

全球布局：在20世纪初期，百事可乐便开始了其全球扩张的步伐。通过合资建厂、授权灌装等方式，百事可乐迅速在世界各地建立了生产销售网络。特别是在中国市场，百事可乐紧跟可口可乐的脚步，通过精准的市场定位和创新的营销策略，成功打入并稳固了市场份额。

**中国市场的深耕细作**

早期进入：早在20世纪20年代，百事可乐便进入了中国市场。然而，真正的大规模扩张始于中美建交后。1981年，百事可乐重新回归中国市场，通过与当地企业的合作，开始了其在中国市场的深耕细作。

本地化策略：为了更好地适应中国市场，百事可乐不仅保留了其国际化的品牌形象，还积极融入中国文化元素。在广告策划、产品包装等方面，百事可乐都力求与中国消费者的审美和习惯相契合，从而赢得了广泛的认可和喜爱。

**品牌形象与广告设计**

独特包装：百事可乐的包装设计充满了年轻与活力。其标志性的蓝色瓶盖和白色瓶身，不仅与可口可乐形成了鲜明的对比，也体现了百事可乐品牌的年轻化和时尚感。

广告创意：百事可乐的广告设计总是充满创意和惊喜。从"突破渴望"到"蓝色风暴"，每一则广告都力求触动消费者的内心，激发他们对品牌的热爱和忠诚。

**广告与营销策略**

大手笔投入：与可口可乐一样，百事可乐在广告宣传上也毫不吝啬。每年，百事可乐都会投入巨额资金用于广告宣传和促销活动，以确保其品牌形象深入人心。

创意营销：除了传统的广告宣传外，百事可乐还善于运用创意营销手段来提升品牌影响力。例如，通过与热门 IP 的合作、举办线下活动等方式，百事可乐成功吸引了大量年轻消费者的关注和参与。

**体育与公益活动赞助**

体育赞助：百事可乐一直热衷于赞助体育赛事和活动。从足球世界杯到奥运会等全球性赛事，百事可乐都积极参与其中，通过赞助和举办相关活动来提升品牌知名度和影响力。

公益活动：除了体育赞助外，百事可乐还积极参与公益活动和社会责任项目。例如，通过赞助教育项目、环保活动等方式，百事可乐不仅展现了其企业的社会责任感，也进一步提升了品牌形象和美誉度。

**任务：各模拟公司讨论完成以下问题**

(1)通过各种渠道，收集可口可乐形象设计的相关资料，对案例进行分析。可口可乐公司成功塑造企业形象的主要原因是什么？形成一份简要的案例分析提纲。

(2)以模拟公司为单位组织讨论，为模拟公司设计企业形象。

### 知识加油站

企业形象是公众及员工对企业实体的主观认知与评价，具备多维度与可塑性，其构建与调整依赖于公共关系策略。企业形象要素复杂，可概括为：产品形象涉及质量、性能、价格及设计、外形、品牌、商标、包装等给受众的整体感受；职工形象体现于服务态度、职业道德、进取心及仪表等精神风貌；主观形象为企业高层对外界可能印象的主观判断；自我期望形象反映企业成员尤其是高层对外界期望印象；实际形象为外界基于企业现状形成的真实认知；公共关系形象则是企业通过公关活动在公众中塑造的特定印象。

企业形象对于企业来说是非常重要的，是企业内在的各种文化信息所形成的凝聚力、创造力、吸引力和竞争力的综合体现，尤其是良好的企业形象，能够给企业带来不可估量的影响。

(1)良好的企业形象，其竞争效果比较明显。消费者对于形象良好的企业及其产品总会优先考虑使用，因此，这类企业常常能击败竞争对手，夺得优胜。一般而言，有知名度、形象良好的企业总比没有知名度、没有良好形象的企业能销售更多的产品或服务。

(2)良好的企业形象，还有不错的缓和效果。这主要是针对一些形象比较好的企业，可能无意间造成了很大的错误，但由于以前良好的企业形象，往往能比形象一般的企业得到社会公众更多的谅解，从而减轻社会舆论对企业的压力。

(3)良好的企业形象，最大的效果还在于能够取得人们的信任。一个深得社会公众认同和好感的企业，总是能顺利地推销它的产品和开展它的新工作，即使与其他企业做相同的事，销售相同的产品，也容易得到较高的评价。如果在转换经营机制的过程中，不断完善自我形象，增强形象力，提高销售力，就会有很多客户慕名而来。相反，如果一家企业形象不好，尽管其产品打折、优惠销售，也容易遭到社会公众的怀疑。

### Step2：产品、员工形象设计

(1)以模拟公司为单位共同讨论，认真完成公司产品、员工形象设计。

（2）各模拟公司派出 1~2 名代表，展示员工形象。

**要求：**

（1）产品形象设计要新颖、独特，员工形象设计要能体现企业形象。

（2）产品形象设计要包括产品的名称、质量描述及包装三部分内容，各小组利用现有资源制作一个产品包装的实物。

（3）员工形象设计要包括员工的精神风貌、言谈举止、仪表礼仪等内容，各模拟公司制定一套完整的员工形象管理手册。

### 📘 知识加油站

产品形象由视觉、品质及社会形象三部分构成。视觉形象作为初级层次，通过感官直接感知产品外观、色彩、材质等；品质形象为核心层次，体现于产品功能、性能及服务质量，形成一致性体验；社会形象则提升至精神层面，是物质形象的外化，最具生命力。

产品形象是展示企业内在品质与信息的关键窗口，对树立品牌、塑造企业形象、宣传文化至关重要。通过持续的产品接触与使用，公众逐渐接受企业信息与品牌信息，认可企业形象，企业从而树立品质形象。

具体而言，视觉形象涵盖造型、风格、PI系统、包装、广告等；品质形象涉及规划、设计、生产、管理、销售、使用、服务等；社会形象则包括社会认知、评价、效益及地位等。

产品形象设计服务于企业整体形象，以产品设计为核心，满足个体与社会需求，改变生活方式，提升生活质量。其设计与评价系统研究意义重大，因涉及人的感官、生理及心理因素，具有复杂性与不确定性。

进行产品形象设计时应统一策划设计各环节，形成统一感官与社会形象，提升、塑造、传播企业形象。设计需新颖独特，员工形象设计亦需体现企业形象。

产品形象设计应包含名称、质量描述及包装，包装设计需考虑产品特性、受众喜好，运用巧妙工艺手段美化装饰。员工形象设计则体现精神风貌、言谈举止、仪表礼仪，是商务组织形象的代表，需制定完整管理手册。

### Step3：确定广告受众及广告形式

（1）以模拟公司为单位组织讨论，确定公司的广告受众及广告形式。

（2）各模拟公司派出一位代表说明选择该广告受众及广告形式的原因，全班进行讨论。

**要求：**

（1）仔细分析模拟公司实际情况，选择恰当的广告受众，形成书面文件。

（2）认真研究各种广告形式的优缺点，选择合适的广告形式，形成书面文件。

### 📘 知识加油站

广告，即广泛告知公众特定信息的一种活动，其定义有广义与狭义之分。非经济广告不以盈利为目标，涵盖政府公告、政党、宗教、教育、文化、市政及社会团体公告等；而经济广告，尤指商业广告，旨在通过付费方式，利用广告媒体向消费者传递商品或服务信息，以促进销售。

广告区别于普通传播与宣传的关键在于：作为传播工具，广告由广告主(商品生产或经营者)向特定消费群体传递信息；广告活动需付费；广告具有说服性；广告是目的明确、计划周密且持续的传播活动；广告不仅惠及广告主，亦使消费者受益，可为其提供有价值的信息。

广告形式多样，包括网络广告(如横幅、按钮、浮动、竖幅、弹出窗口等)、电子媒介广告(广播、电视、电影等)及印刷媒介广告(报纸、杂志、招贴等)。

在选择广告媒体时，需综合考虑市场与媒体两方面因素：

市场因素包括：

(1)消费者属性，如性别、年龄、教育程度、职业及地域性，影响其对媒体的偏好。

(2)商品特性，不同商品需采用不同媒体策略，以匹配目标受众。

(3)商品销售范围，全国性或区域性销售决定广告接触者的范围，进而影响媒体选择。

媒体因素包括：

(1)媒体量的价值，如发行量、收视率、收听率，直接影响广告效果。

(2)媒体的价值层次，需分析媒体类型与消费者类型的匹配度，以及媒体特性、优缺点与广告效果的关联。

(3)媒体的经济价值，需权衡绝对成本(实际支付费用)与相对成本(如每千人视听成本)。

广告因素包括：

(1)销售方法特征，推销员或零售商主导的销售策略影响媒体选择标准。

(2)促销战略，如赠送样品活动需配合相应媒体。

(3)广告目的、预算分配与经济能力，以及竞争对手的媒体使用情况，均需纳入考量。

综上所述，广告媒体的选择需综合考虑多方面因素，以实现广告效果的最大化。

## Step4：进行广告策划

各模拟公司进行案例讨论分析，解决案例中提出的问题。

### "百年润发"广告

这不仅是"百年润发"的一句广告语更是一种意境、一种美好情感的凝聚，是呵护百年温情中展示着要树百年品牌的决心。百年润发20年来在中国广告上取得了令世人瞩目的成就，在数不胜数的广告中，"百年润发"电视广告品牌形象的独特定位、商业性和文化气质的完美结合以及给人心灵的震撼堪称是具有中国特色的经典之作。"百年润发"是重庆奥妮系列产品中的一个，目前在市场已上市的有奥妮皂角、奥妮首乌和百年润发(又分青年型和中年型两种)。在"百年润发"广告里，"文化气"和"商业气"在这里天衣无缝地结合，融汇成中国情感的、中国式词汇的民族品牌，这与国产商品"洋名风""霸气风"形成鲜明对比，有助于记忆度的加强，辨识率的提高。据当时一项调查显示，广告产生的所有感动几乎都来自这个情节，这支广告为企业创造了近8个亿的销售收入。在京剧的音乐背景下，周润发百年润发广告篇给观众讲述了一个青梅竹马、白头偕老的爱情故事——男女主人公从相识、相恋、分别和结合都借助于周润发丰富的面部表情表现了出来：爱慕状、微笑状、焦灼状、欣喜状。而白头偕老的情愫是借助于男主人公周润发一往情深地给"发妻"

洗头浇水的镜头表现出来的。白头偕老的结发夫妻，这在中国历史上本身就有着深沉的文化内涵。

**问题：**

(1)结合案例，分析"百年润发"广告策划成功的主要原因是什么？

(2)以模拟公司为单位交流讨论，设计一份广告策划方案，方案对象由公司成员共同讨论决定(公司形象、某一产品形象均可)。

(3)各模拟公司派出一位代表详细介绍并演示设计的广告策划，在全班进行讨论。

# 任务2　企业品牌管理

## 情境导入

任何企业都需要对品牌进行相应的品牌管理与规划，品牌管理能引导企业打造出独属于自己的品牌，保证企业的品牌形象不产生负面影响。品牌作为企业的核心资产，懂得如何进行品牌管理能帮助我们更好地提升企业的内部素质，品牌管理可以通过积极的联想和形象或对品牌的强烈认知来提高产品价格并建立忠实的客户。

## 任务描述

模拟公司讨论确定品牌策略、制定模拟企业商标、运用品牌策略。

## 任务分析

确定品牌策略，设计商标与品牌策略的具体实施方法。

## 任务实施

### Step1：确定品牌策略

各模拟公司讨论分析案例，解决案例中提出的问题。

#### 可口可乐公司的多样化产品线策略

市场细分策略在过去常被视作一种挑战，部分专家甚至以"双刃剑"来形容其潜在的风险与机遇并存。然而，观察全球顶尖企业的市场拓展路径，我们可以清晰地看到，有的企业如苹果公司，凭借"精品策略"在单一品牌下深耕细作，创造了非凡成就；同时，也有如可口可乐公司这样的行业巨头，巧妙地运用"多样化产品线"策略，在全球饮料市场中游刃有余，展现了"多元并进"的非凡智慧。

可口可乐公司是一家总部位于美国的跨国饮料巨头。其经营特色主要体现在两个方面：一是产品线极为丰富。从经典的碳酸饮料，如可口可乐、雪碧、芬达，扩展到果汁饮料(如酷儿)、茶饮料(如冰红茶、绿茶)、矿泉水(如冰露)、能量饮料(如魔爪)、植物蛋白饮料(如醒目)，乃至咖啡(如乔治亚咖啡)等多个细分领域。二是即便在同一品类下，也通过不同品牌或子系列来实现市场细分和差异化竞争。例如，在果汁饮料领域，可口可乐推出了面向儿童市场的"酷儿"果汁，以及针对追求健康生活的消费者的"美汁源"系列。在中国市场，除了传统的碳酸饮料外，还推出了符合本土口味的"健怡可乐""零度可乐"，以及茶饮品牌"原叶"，满足不同消费者的多元化需求。

要问哪家公司在饮料市场的细分与差异化竞争上做得最为出色，可口可乐公司无疑是一个杰出的代表。通过不断丰富的产品线和对每个细分市场的精准把握，可口可乐不仅巩固了其在全球饮料市场的领先地位，还成功降低了因产品单一而可能面临的市场风险，实现了长期的可持续发展。

**问题：**

(1)可口可乐公司多品牌策略成功的原因是什么？

(2)以模拟公司为单位组织讨论，为公司确定品牌策略。

(3)各模拟公司派出一位代表详细介绍公司确定的品牌策略，并说明原因 。

### 知识加油站

品牌策略是一系列能够产生品牌积累的企业管理与市场营销方法，包括4P与品牌识别在内的所有要素。品牌策略主要有品牌化决策、品牌使用者决策、品牌名称决策、品牌战略决策、品牌再定位决策、品牌延伸策略、品牌更新。

品牌战略决策有5种，即产品线扩展策略、品牌延伸策略、多品牌策略、新品牌策略、合作品牌策略。

#### (一)产品线扩展策略

产品线扩展策略指企业现有的产品线使用同一品牌，当增加该产品线的产品时，仍沿用原有的品牌。这种新产品往往都是现有产品的局部改进，如增加新的功能、包装、式样和风格等。通常厂家会在这些商品的包装上标明不同的规格、不同的功能特色或不同的使用者。产品线扩展的原因是多方面的，如可以充分利用过剩的生产能力，满足新的消费者的需要，率先成为产品线全满的公司以填补市场的空隙，与竞争者推出的新产品竞争或为了得到更多的货架位置。

#### (二)品牌延伸策略

品牌延伸策略是将现有成功的品牌，用于新产品或修正过的产品上的一种策略。品牌延伸(Brand Extensions)，是指一个现有的品牌名称使用到一个新类别的产品上。品牌延伸并非只借用表面上的品牌名称，而是对整个品牌资产的策略性使用。

#### (三)多品牌策略

此策略就是企业在相同产品类别中引进多个品牌，建立多品牌组合，以最大限度地覆盖市场。随着市场不断成熟，消费者的需求也日益细分化，企业实施多品牌战略，能够满足不同目标客户群的需求，从而扩展市场份额。

#### (四)新品牌策略

在企业涉足全新产品类别并推出相关产品时，可能会遭遇原有品牌名称与新产品的市场定位或形象不匹配的情况，或者存在更为贴切、有利于新产品市场推广的品牌命名选项，此时，企业便有必要着手进行新品牌的设计与塑造。例如原本专注于保健品生产的养生堂公司在拓展至饮用水领域时，采用了更为贴切且富有市场吸引力的品牌名称——农夫山泉。

### （五）合作品牌策略

合作品牌策略（又称共品牌化）涉及两个或更多品牌在同一产品上的协同运用，旨在通过相互借力来增强整体品牌形象或提升消费者的购买倾向。

合作品牌策略的表现形式呈现多样性。首先是中间产品合作品牌，例如，富豪汽车公司在其广告中明确指出采用米其林轮胎，以此作为产品品质的一种背书。其次是同一企业内部的合作品牌，比如摩托罗拉公司推出的一款手机命名为"摩托罗拉掌中宝"，其中"掌中宝"同样是该公司注册的商标，用以强化产品的独特定位。最后是合资企业的合作品牌，如日立公司的一款灯泡采用了"日立"与"GE"的合作品牌标识，以结合双方的品牌影响力。

这些策略的实施，旨在通过不同品牌间的互补优势，提升产品的市场竞争力，并深化消费者对品牌的认知与信赖。

## Step2：设计模拟企业商标

（1）以模拟公司为单位，进行商标设计。

（2）各模拟公司对设计好的商标进行注册。

要求：

（1）各模拟公司成员共同讨论，认真选择商标的要素，可以包括文字、图形、字母、数字、三维标志、颜色组合等，也可以是上述要素的组合。

（2）按照《中华人民共和国商标法》的有关规定进行商标设计，商标要符合模拟公司的实际情况，并具有独特性。

（3）按照国内商标注册的程序及规定，准备好相关的材料，进行商标注册。

### 知识加油站

商标设计旨在创造优化性标识，以文字、图案等形式体现商品或服务的独特性。优秀的商标设计应具备多样性、创新性、简洁性、易记性、显著性及新颖性等特质，是企业意图的综合体现，能有效促进商品宣传，提升消费者识别度，激发联想与想象，转化为企业的无形财富。

### （一）商标特征

依附性：商标与商品或服务紧密相连，是其不可分割的一部分。

区别性：商标具有显著特征，便于消费者区分不同商品或服务，其构成是一种艺术创造。

可视性：商标由文字、图形、字母、数字、三维标志、颜色组合等元素构成。

独占性：注册商标受法律保护，具有专用权，未经许可不得擅自使用。

资产性：商标代表企业信誉与质量，具有价值，可评估、转让或许可他人使用。

信息载体：商标是市场竞争的工具，其知名度直接影响商品或服务的竞争力。

### (二)设计注意事项

避免模仿：保持商标独创性，避免与已有商标相似。

繁简适宜：商标应易于识别与记忆，同时避免过于简单而失去特色。

暗示特点：商标应与商品或服务相关联，体现创意与特色。

结合装潢：商标与产品装潢应协调一致，主次分明。

### (三)法律要素

构成要素：各国对商标构成要素的规定各异，中国规定商标应由文字、图形或其组合构成。

显著特征：商标应具有独特性，易于与其他商标区分。

颜色：颜色虽非法定要素，但具有重要意义，注册后如需变更需重新申请。

禁用元素：避免使用销售国禁用的文字、图形或色彩，尊重当地文化习俗。

名称：许多国家禁用地理名称作为商标，因其缺乏显著特征。

版权保护：商标保护包括财产权与人身权，版权保护属于后者范畴。

综上所述，商标设计需综合考虑美学、市场与法律等多方面因素，以确保其有效性、合法性与市场竞争力。

## Step3：运用品牌策略

各模拟公司讨论分析案例，解决案例中提出的问题。

#### 云帆科技——以情感共鸣驱动品牌升级的策略实践

**背景介绍：**

云帆科技，一家专注于智能家居领域的创新型企业，自成立以来，凭借其前沿的技术与高性价比的产品，在市场上迅速占有一席之地。然而，随着智能家居行业的竞争加剧，消费者对品牌的忠诚度与情感连接变得尤为重要。云帆科技意识到，仅凭技术优势已不足以支撑其长远发展，必须构建更深层次的品牌认同感，以情感共鸣为核心，推动品牌升级。

品牌策略运用：

(1)情感故事营销：云帆科技启动了一系列以"家的温度，云帆相伴"为主题的情感故事营销活动。通过社交媒体、短视频平台及线下体验店，讲述用户与云帆产品之间的温馨故事，如智能灯光如何帮助忙碌的上班族缓解归家时的疲惫，智能门锁如何为老人提供便捷与安全等。这些真实而动人的故事，有效拉近了品牌与消费者之间的距离，激发了消费者的情感共鸣。

(2)定制化体验服务：云帆科技推出"智慧家，由你定义"定制化服务，允许消费者根据个人喜好与生活习惯，选择并组合最适合自己的智能家居产品。同时，提供上门安装与个性化设置服务，确保每位用户都能享受到独一无二的智能家居体验。这种以用户为中心的服务模式，增强了消费者的品牌归属感与满意度。

(3)跨界合作，拓宽情感链接：云帆科技与知名设计师、艺术家以及生活方式博主合作，推出联名款智能家居产品，不仅丰富了产品线，更将艺术、设计与科技完美融合，为品牌注入了更多文化内涵与情感价值。此外，通过参与公益项目，如云帆科技"智慧之光"计划，为偏远地区学校捐赠智能教育设备，展现了企业的社会责任感，进一步加深了消费者对品牌的正面印象。

**问题：**

在成功实施上述品牌策略后，云帆科技的品牌影响力与市场份额显著提升。然而，随着品牌知名度的提高，一系列新的挑战也随之而来：

(1)如何保持品牌故事的持续创新？在情感故事营销中，如何确保每次讲述都能触动人心，避免内容同质化，保持消费者的新鲜感与参与度？

(2)定制化服务的成本控制与效率提升：随着定制化需求的增加，如何在保证服务质量的同时，有效控制成本，提高服务效率，避免过度定制化导致的运营压力？

(3)跨界合作的深度与广度如何平衡？在选择合作伙伴时，如何既保持品牌调性的一致性，又能通过跨界合作不断拓展品牌的边界，吸引更多元化的消费者群体？

**任务：**

(1)各模拟公司讨论分析完成案例问题。

(2)以模拟公司为单位组织讨论，制定品牌定位策略以及不同阶段的品牌推广策略。

### 📘 知识加油站

#### （一）品牌定位策略

品牌定位策略是进行品牌定位点开发的策略，包括强势定位策略、优势分类策略、独特定位策略、使用场景分类策略、细分类策略、功能定位策略、使用感觉定位策略、销售量定位策略。

(1)强势定位策略。

如果你的品牌是最早的，那么你可以很强势霸气。比如，可口可乐，它就是可乐饮料里最早的品牌。它的定位就是真正的可乐，口号就是"只有可口可乐，才是真正的可乐"。理由很简单，大多数人喜欢真正的东西，没人喜欢冒牌或仿造的。

(2)优势分类策略。

优势分类策略是将商品定位在没有强势品牌的分类中。太强势的品牌有品牌壁垒，一般很难攻破。尽量避免用鸡蛋碰石头，找到一个有利于自己商品的分类。

比如红牛，它对其维生素饮料的定位是补充能量的饮料。红牛避开了强势饮料品牌可口可乐，找到了有利于自己的分类。

(3)独特分类策略。

独特分类策略就是自己创造一个分类出来。与其在大道上挤破头皮，不如自己去发现一条小路。如果当不了一个门派的掌门人，那就自立一个新门派。

七喜就是一个典型的例子，从最开始定位清凉饮料，到最后发明了一个新品类"非可乐"，让七喜成了该品类的第一强势品牌。我发明的，当然我是第一了。

农夫山泉也是用的独特分类策略，它是第一个提出"不生产水"的品类出来。"我们不生产水，我们只是大自然的搬运工"，在消费者的固有认知里，一个商品肯定是经过加工处理的。农夫山泉首先提出搬运工这个词，也顺利成为第一个搬运工。在该"不生产"的分类的矿泉水中成为强势品牌。

(4)场景分类策略。

消费者在归类产品时，有时不是去考虑它的形态，而是它在生活中满足特定需求时使用的出发点和场景。使用场景分类策略，就是用产品在生活中扮演的角色作为定位。比如，早餐牛奶和早餐饼干，都是定位成早餐用品。

比如，营养快线的"早上喝一瓶，精神一上午"，就是扮演早餐饮品的角色。比如，六个核桃的"用脑时刻"，就是一个提高智力的小帮手。消费者习惯使用场景型记忆，那么广告就应该把产品使用的具体场景指示出来。

(5)细分类策略。

细分类策略就是单点突破，此策略专注于进行产品定位的细分。就拿啤酒来说，啤酒品牌成百上千，但是细分下来在某些领域就很少有竞争对手，比如女性专用酒。再说电商平台，大大小小的平台那么多，细分下来才是竞争力，比如唯品会专门做特卖，做得有声有色的。

(6)功能定位策略。

功能定位策略是指产品在功能上有特殊性或者有优势，以此来确定产品的定位。比如王老吉，本身是具有药性功能的饮料，它的定位就是防止上火，而不是味道好极了。

比如海飞丝，它强调的功能优势是去头皮屑，而不是乌黑亮发。比如飘柔，它的定位是使头发更加柔顺，防止分叉，等等。一个产品有很多优势，但要主推一个。

(7)感觉定位策略。

感觉定位策略就是用了这产品会给你带来什么感觉，把使用产品的感受放在一个舒服的位置上，用愉快的感受来吸引消费者。

比如，雀巢咖啡"味道好极了"，炫迈口香糖的"根本停不下来"，雪碧的"透心凉"，吉列剃须刀的"看着光，感觉爽"，特步的"飞一般的感觉"。

(8)销售量定位策略。

销售量定位策略的逻辑是依据消费者的从众心理。一方面，人是群体动物，会屈服于其他人的压力，然后作出附和的选择；另一方面，既然那么多人选择，等于给自己服下定心丸。香飘飘奶茶，"一年卖出三亿多杯，杯子连起来可绕地球一圈"到"一年有12亿人次在喝"都是在强调销售量。

### (二) 不同阶段的品牌推广策略

品牌推广，作为企业塑造自身及产品品牌形象以获取广泛消费者认同的一系列活动和过程，其策略依据品牌发展的不同阶段可分为导入期、成长期、全盛期和衰落期四个阶段，此划分对企业品牌推广具有深远的实践意义。

(1)导入期的品牌推广策略。

导入期，即品牌首次面向消费者或参与市场竞争的阶段，标志着企业品牌经营理念的初步引入，是品牌发展的新起点。

(2)成长期的品牌推广策略。

进入成长期，企业已初步收集到顾客对产品、定位和推广方式的反馈。这些信息的及时获取对企业自我改进至关重要。若缺乏有效反馈，或顾客不愿真实表达消费感受，则可能预示品牌发展陷入困境。因此，企业需重新审视并调整品牌要素，以适应顾客需求或超越竞争对手。

在成长期，目标顾客对产品的评价成为传播动力。企业应基于顾客反馈，对产品技术、外观、包装、品质和服务等进行适应性或超前性调整。同时，企业还需审视品牌目标市场定位的宽窄、竞争个性的匹配度、内涵定位的准确性和针对性。此外，推广方式的选择对品牌竞争力和影响力的提升至关重要，企业需评估现有推广模式的有效性，并自行分析其中的不适应之处。

品牌美誉度源于准确诉求和产品质量，顾客忠诚度则来自产品功能与价格的组合及品牌核心价值。成长期品牌已具备较高知名度，为同步提升美誉度和忠诚度，企业需实施有效的顾客期望值管理。通过技术、渠道、服务和产业链升级等方面的战略联盟，共同分割或拓展市场。面对实力较弱的竞争对手，企业应正面迎战，但需注重投入产出比。当品牌知名度达到一定水平时，借助媒体力量提升品牌威名成为企业度过成长期并迈向新阶段的关键。企业应掌握媒体报道原则，挖掘技术更新、渠道拓展、品牌诉求、核心价值构建、企业内部和社会公益活动等媒体感兴趣的内容。

(3)全盛期的品牌推广谋略。

在品牌处于全盛期时，媒体对其正面和负面的新闻都表现出浓厚的兴趣。媒体的责任仅在于其受众，而不在于挽救企业于危难之中，媒体关注的核心是其自身的关注度。因此，迎合媒体、扬长避短以及建立良好关系成为品牌全盛期的三大媒体策略。

迎合媒体的目的在于进一步助推品牌的知名度，因此，发掘所有媒体感兴趣的关于品牌和企业的正面新闻或焦点事件是企业媒体公关的基础性工作。扬长避短的目标则是确保企业和品牌在正面的舆论环境中稳健发展，同时规避因危机引发的风险。

对于正面的品牌信息，应促使媒体保持高度关注和报道。而对于不可避免的危机，应事先或及时与媒体进行沟通，争取谅解并尽量让媒体在报道时有一定的保留，力求将危机消灭在萌芽状态。防止危机扩散是企业媒体公关的原则性工作。建立良好关系的目的是与权威媒体建立长期合作关系，使企业和品牌在危机时能够获得一定程度的保护。为此，企业应主动供稿、邀请媒体参与活动、与关键人物建立私人关系，并适当支持媒体的发展，这些都是企业媒体公关的维护性工作。

(4)衰退期的品牌推广谋略。

在品牌进入衰退期时，推广策略需重新审视。首先，产品过时的问题不应成为讨论重点，因为如果企业在衰退期尚未发现产品问题，那么品牌的迅速消亡是不可避免的。

品牌的竞争个性定位在全盛期可能显得合理，但在衰退期则可能暴露出其不合理之处，这些不合理之处是品牌走向衰落的原因之一。品牌在不同阶段的竞争个性定位应有所不同。

准确把握顾客观念和需求的变化，并据此对品牌内涵进行适应性调整是至关重要的。毕竟，不同时期的相同顾客群体对品牌的要求和某些消费观念会有所不同，而品牌内涵应准确反映他们的内心价值体系。诉求应是品牌内涵所定义的一组利益在高度概括后的外化表现，因此诉求只需严格针对内涵来设定即可。

最后，在竞争激烈的市场中，大多数品牌的衰退往往是由危机引发的，因此正确处理危机成为挽救品牌颓势的主要任务。在品牌的衰退期，如果在未能妥善解决危机之前继续推广品牌，只会进一步加剧危机。

各模拟公司讨论分析案例，解决案例中提出的问题。

### 从"绿意疑云"透视 X 品牌信任风波

2020 年 5 月 18 日，一位化名"绿野追踪者"的网友在知乎社区发布了一篇题为《X 品牌：您口中的"绿色承诺"究竟何在?》的深度剖析文章，首次对 X 品牌产品的环保声明提出疑问。文章中，"绿野追踪者"声称自己曾秘密探访了 X 品牌位于广东省某高新技术产业园区的生产基地，通过细致观察发现，该生产基地周边并未见宣传中所提及的"纯净天然森林水源"，取而代之的是一条流经城市边缘、偶见漂浮物的普通河流。据此，"绿野追踪者"推测 X 品牌的产品可能采用的是经过简单处理的自来水，或是那条水质状况堪忧的河流之水，而非其广告宣传中强调的"源自绿色森林的优质水源"。

该文章矛头直指 X 品牌近期在各大卫视黄金时段频繁播放的环保主题广告——《绿色之源篇》。广告开篇即以"我们承诺，每一滴都源自纯净自然"为引子，深深吸引了众多注重健康与环保的消费者。然而，"绿意疑云"文章一经发布，迅速在网络上发酵，引发了广泛的讨论与关注，众多网友纷纷表达了对 X 品牌可能存在的虚假宣传行为的不满，该文章阅读量迅速突破 20 万次大关。

此次事件不仅考验着 X 品牌的公关应对能力，更是对其长期塑造的品牌形象与消费者信任的一次严峻挑战。面对突如其来的舆论危机，X 品牌如何迅速响应，澄清事实，恢复消费者信心，成为社会各界关注的焦点。

**任务：各模拟公司讨论完成以下问题：**

(1)X 品牌的公关在事件中的表现如何?

(2)制定品牌维护策略，制订品牌危机预防、处理和利用方案。

### 📘 知识加油站

#### (一) 品牌危机

##### 1. 品牌形象危机

品牌形象危机是由于负面宣传事件引发的，对品牌或企业形象造成损害的品牌危机。负面宣传主要分为两种类型：一种是曝光企业在生产、销售、服务等各环节中存在的真实问题，如与消费者产生纠纷、生产条件恶劣、偷税漏税、财务混乱、贪污腐败等；另一种是对品牌的失实或歪曲报道，如"高露洁"牙膏含致癌物质。这些报道和传闻会严重损害品牌形象和企业信誉。

##### 2. 品牌质量危机

品牌质量危机指在企业发展过程中，由于内部管理的不足或失误，或设计和制造技术上的问题，导致产品质量存在缺陷，严重损害消费者利益，从而引发的品牌危机，例如，中美史克"康泰克"PPA 事件，三鹿奶粉三聚氰胺超标事件等。这类危机的直接后果是公众信任度下降，销售量骤减，品牌美誉度遭受重创。

##### 3. 品牌服务危机

品牌服务危机是指企业在向消费者提供产品或服务的过程中，由于内部管理失误或外部条件限制，导致消费者不满，从而引发的品牌危机，例如，"日航风波""砸大奔事件"等。目前，企业存在的促销陷阱、宣传承诺不兑现、售后服务不规范等问题，均易引发此类危机。

### (二)品牌危机处理

品牌危机处理是指由于企业管理不善、同行竞争，甚至恶意破坏或外界特殊事件的影响，给企业品牌带来危机时，企业采取的一系列应对措施，包括消除影响、恢复形象等。面对任何危机，企业都应积极正视，主动采取行动，以有效控制局势。

#### 1. 品牌危机处理需坚持七项原则

(1)主动性原则：面对任何危机，企业应积极主动应对，而非回避或被动处理，以有效控制局势。

(2)快速性原则：对危机的反应必须迅速，无论是对受害者、消费者、社会公众还是新闻媒体。

(3)诚意性原则：企业应表现出诚意，保护消费者利益，减少受害者损失。

(4)真实性原则：企业必须向公众陈述事实的全部真相。

(5)统一性原则：危机处理需协调统一，宣传解释和行动步骤需一致到位。

(6)全员性原则：员工应作为危机处理的积极参与者，发挥其宣传作用。

(7)创新性原则：危机处理既要借鉴过去成功经验，又需根据实际情况，利用新技术、新信息和新思维，大胆创新。

#### 2. 品牌危机处理的流程

(1)迅速组成处理危机的应变总部。

(2)搞好内部公关，取得内部公众的理解。

(3)迅速收回不合格产品。

(4)设立一个专门负责的发言人。

(5)主动与新闻界沟通。

(6)查清事实，公布造成危机的原因。

(7)危机中谣言的处理。

## 项目实训

**【实训内容】**

(1)以模拟公司为单位交流讨论，设计一份广告策划方案，方案对象由公司成员共同讨论决定(公司形象、某一产品形象均可)。

(2)各模拟公司派出一位代表详细介绍并演示设计的广告策划，全班进行讨论。

**【上交实训任务】**

广告策划 1 份。

**【实训要求】**

(1)各模拟公司分工协作完成任务。

(2)时间：6学时(其中，3学时完成企业形象与品牌管理学习，3学时完成广告策划)。

(3)文字资料设计合理，内容全面，表述清楚。

【评价标准】

(1)文字材料50%+实训态度10%+模拟公司协作效果20%+成果汇报效果20%，评价标准如表8-1所示。

表8-1 评价标准

| 项目 | 比例 | 评分标准 |
|---|---|---|
| 文字材料 | 50% | 结构完整、内容表述清楚、条理清晰、排版规范 |
| 实训态度 | 10% | 工作主动、积极参与并完成任务 |
| 模拟公司协作效果 | 20% | 团队分工明确、合作能力强 |
| 成果汇报效果 | 20% | 广告策划效果好 |

(2)教师评价60%+小组互评20%+自评20%。

# 项目九　企业文化建设

李想所在的公司通过积极构建并践行企业文化，有效提升了企业的人文素养，这一举措从根本上推动了企业竞争力的增强，进而促进了经济效益的稳步增长。

## 项目描述

任务：企业文化建设实施

实训目的和要求：

通过团队协作完成实训项目，深刻领悟企业文化建设的深远意义，熟练掌握其构建方法与策略，辨识并规避建设过程中的常见误区，进而提升塑造企业文化理念的能力。

## 任务　企业文化建设实施

### 情境导入

企业文化建设在营造卓越经营环境方面展现出了无可比拟的优势，它不仅是构筑企业内部凝聚力的基石，是吸引并留住顶尖人才，助力企业摆脱困境与旧有形象束缚的关键，更是驱动产品销售增长、拓宽业务领域、优化公共关系、全面提升企业形象的强大引擎。

### 任务描述

本实训任务要求模拟公司依据自身实际情况，遵循企业文化建设的系统性思路，精心塑造独特的企业文化理念。

### 任务分析

在企业文化建设基本原则的引领下，我们将采取科学的方法和清晰的思路，一步步实施企业文化建设的具体方案，确保企业文化建设的每一步都精准无误，旨在打造出既符合企业特色又具备市场竞争力的企业文化体系。

## 任务实施

### Step1：企业文化建设说明

各模拟公司讨论分析案例，解决案例中提出的问题。

#### XC 制药公司的企业文化建设审视

XC 制药公司，作为 XC 生命科学集团的旗舰企业，其根基深植于国内某重要城市，并已成功拓展至全球多个角落。公司凭借其在肿瘤治疗、消化系统与代谢疾病，以及心血管疾病等多个关键医疗领域的研发、制造与销售能力，赢得了国际市场的广泛认可。

历经三十载春秋，XC 制药公司逐步确立了符合自身特色的发展蓝图。伴随战略方向的调整，公司的企业文化亦经历了持续的迭代与优化，既为企业的稳步前行提供了坚实的文化支撑，也引导着每一位员工朝着共同的目标迈进。然而，正如任何事物都有其两面性，XC 制药公司的企业文化在彰显其积极面的同时，也逐渐显现出若干局限，成为制约企业进一步发展的潜在障碍。

近期，一项针对 XC 制药公司员工的企业文化认知度调查揭示了令人深思的现象。尽管高达近80%的受访者声称对公司文化有所了解，但在深入探究时，这一乐观的表象却遭遇了严峻的挑战。通过与员工的深入交谈，我们不难发现，大多数员工对于公司文化的理解仅限于精神层面，对于价值观、使命与愿景等核心概念的认识模糊且片面，而对于制度文化、行为文化及物质文化等更深层次的内容更是知之甚少。这一现象不仅反映出企业文化建设在深度与广度上的不足，更揭示了员工在企业文化认知上的混乱与迷茫。

在探讨企业文化对员工激励作用的调查中，36.5%的受访者给予了正面评价，认为企业文化对其具有显著的激励效果，但与此同时，也有32.3%的受访者持保留态度，认为这种激励作用并非绝对。值得注意的是，尽管问卷调查往往倾向于展现受访者的积极态度，但本次调查的数据却未出现明显的正向偏差，这在一定程度上验证了企业文化在激励员工方面存在的问题。

为了更深入地剖析员工对企业精神文化的认知状况，我们进一步以职位层级为变量进行了细致分析。结果显示，高层管理者对公司的发展战略等精神文化内容有着高度的认知与认同，但随着管理层级的下降，员工的认知度与认同度逐渐减弱，直至几乎完全丧失。这一现象不仅体现在发展战略上，还广泛存在于公司价值观、使命、愿景及经营理念等多个方面。这在一定程度上揭示了企业文化宣传不足，即主要集中在中高管理层，而忽视了基层员工的需求与参与，导致企业文化难以真正深入人心，成为全体员工共同的信仰与行动指南。长此以往，这无疑将对企业的长远发展构成潜在的威胁与挑战。

**问题：**

(1)结合案例，分析 XC 制药公司在企业文化建设上都存在哪些问题？

(2)阐述此案例所蕴含的深刻启示。

要求：

（1）细致阅读并分析案例内容，通过对其所呈现问题的根源进行深入探究，从而深刻认识到企业文化建设对于公司发展的不可或缺性。

（2）以模拟公司为载体，亲身体验企业文化的构建过程。在此过程中，不仅要掌握企业文化的基本结构，如精神文化、制度文化、行为文化和物质文化等组成部分，更要深入理解企业文化建设的核心原则。

### 知识加油站

企业文化的定义可从宏观与微观两个层面进行剖析。从宏观视角审视，企业文化是企业成长历程中精神、行为、物质及实践活动的综合展现，它跨越了精神与物质的界限，深深植根于企业发展的每一个环节。而从微观视角出发，企业文化则聚焦于精神层面，涵盖了价值观、理念、思想体系及伦理道德等要素，是广义文化范畴的有机组成部分。

#### （一）企业文化对企业发展的影响

激发使命感：每个企业都承载着特定的责任与使命，企业文化作为全体员工工作的指南针，能够激发员工的使命感，为企业发展提供不竭动力。

凝聚归属感：通过提炼和传播企业价值观，企业文化能够将来自五湖四海的员工紧密团结在一起，共同追求企业的宏伟愿景。

强化责任感：企业借助丰富的资料和文件，向员工灌输责任意识、危机意识及团队意识，使员工深刻认识到自己是企业大家庭的一员，从而更加尽职尽责。

赋予荣誉感：企业文化鼓励员工在自己的岗位上发光发热，追求卓越，通过实现个人价值来赢得企业的认可与尊重。

实现成就感：企业的繁荣与员工的成就感息息相关，当企业取得辉煌成就时，员工会倍感自豪，进而更加积极地投身于企业的发展之中。

#### （二）企业文化建设的核心原则

以人为本：人是文化的创造者和传承者，企业文化建设应始终围绕员工展开，强调关心、尊重、理解与信任，形成强大的团队凝聚力。

表里一致：企业文化虽属于意识形态范畴，但必须通过企业和员工的行为及外部形象得以体现。因此，建设企业文化需从员工的思想观念入手，树立正确的价值观，防止形式主义，确保企业文化与实际行动的一致性。

注重个性：每个企业都有其独特的历史传统和经营特色，企业文化建设应充分利用这一优势，打造具有鲜明个性的企业文化，以在激烈的市场竞争中脱颖而出。

经济导向：企业文化作为微观经济组织文化，应服务于企业的经济活动，提升企业生产力和经济效益，为企业的生存和发展提供有力支撑。因此，企业文化建设实际上是一个企业战略问题，即文化战略。

继承传统：中国企业文化建设应在传统文化的基础上进行增值开发，借鉴其精华，摒弃其糟粕。通过深入挖掘传统文化中的民本思想、平等思想及务实精神等宝贵资源，为现代企业文化建设提供丰富的思想源泉和动力。例如，大庆"三老四严"的"铁人精神"就是对中国传统文化进行增值开发的典范。

## Step2：企业文化建设实际操作

各模拟公司认真阅读案例，分析 XC 制药公司企业文化建设。

### XC 制药公司企业文化建设方案设计

针对 XC 制药公司在企业文化建设方面存在的种种挑战，公司高层经过深入研讨，制定了一系列针对性的优化策略。

首先，针对企业文化认知度不足的问题，XC 制药公司决定从全员入手，提升对企业文化的重视程度。当前，公司高层对企业文化有着深刻的理解，并给予了充分的重视，但随着职位的降低，这种重视程度逐渐减弱，甚至被视为负担。因此，公司计划通过组织培训、分享会等形式，让全体员工深入了解企业文化的内涵与价值，从内心深处接受并积极参与企业文化建设。

其次，为了强化企业精神文化的作用，XC 制药公司将重新审视并优化企业精神文化。企业精神文化是企业文化体系的核心，它为员工提供了行为准则和价值导向。在制定新的企业精神文化时，公司将充分考虑内外部环境，确保其既符合公司的发展需求，又能激发员工的积极性和创造力。同时，公司还将以企业精神文化为指导，制订长期、中期和短期的企业发展规划，引导员工逐步实现公司愿景。

在领导风格方面，XC 制药公司认识到，单一的指令型领导风格已无法适应当前复杂多变的市场环境。因此，公司将鼓励领导者根据实际情况选择合适的领导方式，实现权变管理。对于成熟度较低的员工或管理环境恶劣的情况，领导者可以采取指令式为主、指导式为辅的方式；而对于成熟度高、管理环境较优的情况，则可以采用民主式为主、指导式为辅的方式，充分激发员工的潜能和创造力。

最后，针对企业制度文化、行为文化和物质文化存在的问题，XC 制药公司也提出了具体的优化措施。在制度文化方面，公司将不断完善各项规章制度，确保其科学性、合理性和可操作性；在行为文化方面，公司将通过制定行为规范和激励机制，引导员工形成良好的行为习惯；在物质文化方面，公司将充分利用各种物质资源，打造具有特色的企业形象和工作环境。

综上所述，XC 制药公司企业文化建设优化策略旨在从全员认知、企业精神文化、领导风格以及制度、行为和物质文化等多个方面入手，进行全面而深入的改革设计。通过这些措施的实施，公司期望能够构建一个更加健康、积极、富有竞争力的企业文化体系，为公司的长远发展提供有力支撑。

讨论分析案例，XC 制药公司企业文化建设的做法带给你的启示。

**要求：**

(1)通过案例学习，了解企业文化的建设方法，以模拟公司为单位，创建属于自己公司的企业文化。

(2)了解学习企业文化建设思路、企业文化建设中的误区。

### 知识加油站

#### (一)企业文化建设的方法

日常会议融入：通过晨会、夕会及定期的总结会议，于每日工作的起始与结束时刻，利用短暂时间向员工传达公司的核心价值观与愿景。这些会议不仅被制度化，更成为企业文化不可或缺的一部分，潜移默化地影响着每位员工。

自我反思机制：实施思想小结制度，鼓励员工定期对照企业文化要求，审视个人行为与表现，自我评估并规划改进路径，以此促进个人与企业的共同成长。

视觉文化传播：精心设计的企业文化标语被张贴于公司的显眼位置，以最直观的方式传递企业文化的核心理念，营造浓厚的文化氛围。

树立先进典范：通过表彰先进典型，为员工树立具象化的行为标杆与观念导向，使抽象的企业文化概念如"工作积极性""主动性""敬业精神"等变得生动可感，易于员工理解与效仿。

数字化平台建设：利用公司网站作为文化传播的新阵地，及时发布企业文化相关的方针、思想及动态，携手专业网站建设公司，确保网站内容与企业文化的高度契合与深度融合。

专家讲座与研讨：邀请外部权威专家进行企业文化宣讲，为员工带来新鲜视角与深刻洞见，拓宽企业文化建设的新思路。

外部交流学习：组织员工外出参观学习，通过亲眼见证行业标杆企业的实践成果，激发员工的求知欲与进取心，促进内部管理的自我革新。

企业文化故事传扬：流传于企业内部的生动故事，以其独特的魅力传递着企业文化的精髓，成为连接员工情感的桥梁。

历史展室建设：设立企业创业与发展史陈列室，集中展示企业发展的点点滴滴，增强员工的归属感与自豪感。

文体活动融合：通过丰富多彩的文体活动，如歌唱、舞蹈、体育竞赛及节日庆典等，巧妙融入企业文化元素，寓教于乐，增强团队凝聚力。

新鲜血液注入：新员工的加入为企业带来新鲜文化元素，通过新旧文化的碰撞与融合，激发企业文化的创新活力。

互评活动促进：开展互评活动，鼓励员工在公开场合相互评价工作状态与企业文化践行情况，通过坦诚交流，化解矛盾，增进理解，共同提升。

领导示范引领：企业领导人的言行举止对企业文化建设具有深远影响，他们以身作则，成为员工效仿的榜样。

企业报刊发行：创办企业报刊，作为企业文化传播的重要媒介与窗口，不仅面向内部员工，也向外界展示企业的风采与成就，增强企业影响力。

#### (二)企业文化建设思路

##### 1. 目标定位误区

企业文化作为经济与文化融合的产物，理应成为企业目标与实现手段的统一体。然而部分企业将企业文化建设目标局限于员工塑造，忽视了企业自身形象的塑造与提升，导致文化建设目标过于理想化，缺乏实践基础。例如，部分企业文化建设中的"文化理想"现象，其目标设定超出企业实际承载能力，显得空洞无物。

### 2. 主客体关系误区

企业文化建设的主体认知存在偏差，部分企业错误地认为企业文化是领导者自上而下的倡导，员工仅为被动接受者。实则，企业文化应为企业全体成员共有的信念与期望模式，员工应成为文化建设的积极参与者。领导者的文化素养与认知虽对文化建设有重要影响，但企业文化不等同于"企业家文化"，需全体员工共同参与，实现领导与员工在文化建设中的良性互动。

### 3. 内容构建误区

企业文化内容构建存在简化与表象化倾向，部分企业将企业文化等同于空洞口号、华丽辞藻的堆砌，导致企业文化口号化、表象化。此外，企业文化还常被误解为思想政治工作或企业形象包装，如将文化建设等同于活动组织、典型树立、口号概括、文体活动或CIS系统，甚至盲目追求现代化或传统迷信，试图将企业文化作为解决一切问题的"万能药"。

### 4. 方法实施误区

企业文化建设方法存在两种极端倾向：一是自然主义倾向，认为企业文化是自然形成的，无须人为策划与设计，导致文化建设缺乏明确理念指导；二是主观主义倾向，认为企业文化是领导者意图的体现，人为策划与设计，导致文化建设形式主义或"突击"现象，缺乏特色与个性。这两种倾向均不利于企业文化的健康发展。

## 项目实训

【实训内容】

(1)以模拟公司为单位交流讨论，进行企业文化理念塑造。

(2)各模拟公司派出一位代表详细介绍公司企业文化建设思路，全班进行讨论。

【上交实训任务】

公司企业文化建设方案。

【实训要求】

(1)各模拟公司分工协作完成任务。

(2)时间：6学时(其中，3学时完成企业文化建设理论学习，3学时完成公司企业文化建设方案)。

(3)文字资料设计合理，内容全面，表述清楚。

【评价标准】

(1)文字材料50%+实训态度10%+模拟公司协作效果20%+成果汇报效果20%，评价标准如表 9-1 所示。

表 9-1　评价标准

| 项目 | 比例 | 评分标准 |
|---|---|---|
| 文字材料 | 50% | 结构完整、内容表述清楚、条理清晰、排版规范 |
| 实训态度 | 10% | 工作主动、积极参与并完成任务 |
| 模拟公司协作效果 | 20% | 团队分工明确、合作能力强 |
| 成果汇报效果 | 20% | 公司企业文化建设方案效果好 |

（2）教师评价 60%+小组互评 20%+自评 20%。

# 第五篇　"模拟公司"总结提升

# 项目十　"模拟公司"运营总结

### 📝 项目任务

　　企业运营管理为企业所带来的竞争优势最终可以归结为能为顾客创造更多的价值。企业需要对企业运营的现状进行总结分析，不断提升客户价值创造能力，延续企业的竞争优势，最终达到企业的持续发展。

### 🎯 项目描述

　　任务1：企业财务报表与分析
　　任务2：企业业绩总结与分析
　　任务3：岗位总结
　　实训目的和要求：
　　通过团队完成实训项目，深刻理解企业运营管理的意义，从企业财务报表、企业业绩和岗位三个方面进行分析总结，锻炼分析解决问题的能力。

## 任务1　企业财务报表与分析

### 📖 情境导入

　　模拟公司需要有关企业财务状况方面的信息，并对公司的财务状况进行分析总结。

### 📖 任务描述

　　模拟公司进行企业财务报表与分析工作。

### 💻 任务分析

　　"模拟公司"运营总结阶段对企业财务报表及企业财务分析，要求编制"模拟公司"的"资产负债表""利润表""现金流量表"。

## 🎒 任务实施

### Step1：资产负债表的编制

资产负债表是反映企业在某一特定日期财务状况的报表。例如，每年12月31日的财务状况，由于其反映的是某一时点的情况，因此又称为静态报表。

资产负债表主要提供有关企业财务状况的信息。通过资产负债表，可以获得某一日期资产总额及其结构，显示企业拥有或控制的资源及其分布情况，包括流动资产、长期投资和固定资产等；可以提供某一日期的负债总额及其结构，表明企业未来需要用多少资产或劳务清偿债务以及清偿时间，即流动负债和长期负债的分布情况；可以反映所有者权益，以判断资本的保值、增值情况及对负债的保障程度。资产负债表还提供进行财务分析的基本资料，例如通过比较流动资产和流动负债计算流动比率，比较速动资产和流动负债计算速动比率，从而有助于会计报表使用者作出经济决策。

资产负债表根据资产、负债、所有者权益之间的关系，按照一定的分类标准和顺序排列企业在某一日期的资产、负债和所有者权益项目。它反映了企业的总体规模和结构，包括资产总量、流动资产和固定资产的分布情况；负债总量、短期和长期负债的比例；所有者权益总量及其构成。

在资产负债表中，企业通常按资产、负债、所有者权益分类分项列示。资产按流动性大小分为流动资产、长期投资、固定资产、无形资产及其他资产；负债按流动性大小分为流动负债和长期负债；所有者权益则按实收资本、资本公积、盈余公积和未分配利润等项目分项列示。

资产负债表的格式一般包括表首和正表两部分。表首概述了报表名称、编制单位、编制日期、报表编号、货币名称、计量单位等；正表是资产负债表的主体，列示说明企业财务状况的各项目。资产负债表正表的格式一般有两种：报告式和账户式。报告式资产负债表是上下结构，上半部列示资产，下半部列示负债和所有者权益，具体排列形式有按"资产＝负债＋所有者权益"的原理排列和按"资产－负债＝所有者权益"的原理排列两种；账户式资产负债表是左右结构，左边列示资产，右边列示负债和所有者权益。不论采用何种格式，资产各项目的合计应等于负债和所有者权益各项目的合计。

在我国，资产负债表采用账户式，并分为"年初数"和"期末数"两栏分别填写。

例如，汉江公司2021年12月31日有关科目的余额如表10-1所示。

表 10-1　科目余额表　　　　　　　　　　　　　　　单位：元

| 科目名称 | 借方余额 | 科目名称 | 贷方余额 |
| --- | --- | --- | --- |
| 现金 | 3 000 | 短期借款 | 200 000 |
| 银行存款 | 750 000 | 应付票据 | 120 000 |
| 其他货币资金 | 350 000 | 应付账款 | 350 000 |
| 应收票据 | 85 000 | 其他应付款 | 2 000 |
| 应收账款 | 700 000 | 应付工资 | 3 000 |
| 坏账准备 | -3 500 | 应付福利费 | 15 000 |
| 预付账款 | 100 000 | 应交税金 | 102 000 |

| 科目名称 | 借方余额 | 科目名称 | 贷方余额 |
|---|---|---|---|
| 其他应收款 | 5 000 | 其他应交款 | 21 000 |
| 原材料 | 950 000 | 长期借款 | 2 000 000 |
| 包装物 | 150 000 | 住房周转金 | 500 000 |
| 低值易耗品 | 100 000 | 股本 | 5 000 000 |
| 库存商品 | 280 000 | 盈余公积 | 500 000 |
| 长期股权投资 | 250 000 | 利润分配 | 286 500 |
| 固定资产 | 5 800 000 | | |
| 累计折旧 | -1 160 000 | | |
| 在建工程 | 440 000 | | |
| 无形资产 | 250 000 | | |
| 长期待摊费用 | 50 000 | | |
| 合计 | 9 099 500 | 合计 | 9 099 500 |

根据上述所给资料,编制该公司 2021 年 12 月 31 日的资产负债表(期末栏数),如表 10-2 所示。

**表 10-2 资产负债表**

编制单位:汉江公司　　　　　　　2021 年 12 月 31 日　　　　　　　单位:元

| 资 产 | 年初数 | 年末数 | 负债及所有者权益 | 年初数 | 期末数 |
|---|---|---|---|---|---|
| 货币资金 | | 1 103 000 | 流动负债 | | |
| 短期投资 | | | 短期借款 | | 200 000 |
| 应收票据 | | 85 000 | 应付票据 | | 120 000 |
| 应收账款净额 | | 696 500 | 应付账款 | | 350 000 |
| 预付账款 | | 100 000 | 其他应付款 | | 2 000 |
| 其他应收款 | | 5 000 | 应付工资 | | 3 000 |
| 应收股利 | | | 应付福利费 | | 15 000 |
| 存货 | | 1 480 000 | 未交税金 | | 102 000 |
| 待摊费用 | | | 应付利润 | | |
| 一年内到期的长期投资 | | | 其他未交款 | | 21 000 |
| 流动资产合计 | | | 预提费用 | | |
| 长期股权投资 | | 250 000 | 一年内到期的长期负债 | | |
| 长期债权投资 | | | 流动负债合计 | | |
| 固定资产 | | | 长期负债 | | |

| 资　产 | 年初数 | 年末数 | 负债及所有者权益 | 年初数 | 期末数 |
|---|---|---|---|---|---|
| 固定资产原价 | | 5 800 000 | 长期借款 | | 2 000 000 |
| 减：累计折旧 | | 1 160 000 | 住房周转金 | | 500 000 |
| 固定资产净值 | | 4 640 000 | 长期负债合计 | | |
| 在建工程 | | 440 000 | 所有者权益 | | |
| 固定资产合计 | | 5 080 000 | 股本 | | 5 000 000 |
| 无形及递延资产 | | | 盈余公积 | | 500 000 |
| 无形资产 | | 250 000 | 其中：公益金 | | |
| 长期待摊费用 | | 50 000 | 未利润分配 | | 286 500 |
| 无形及递延资产合计 | | 300 000 | 股东权益合计 | | 5 786 500 |
| 资产总计 | | 9 099 500 | 负债及所有者权益总计 | | 9 099 500 |

**任务：各模拟公司编制公司的资产负债表**

## Step2：利润表的编制

利润表是一种反映企业在特定会计期间内经营成果的财务报表。例如，涵盖从 1 月 1 日至 12 月 31 日的经营成果的利润表，由于其反映的是某一特定期间的财务状况，因此又被称为动态报表。此外，利润表也常被称为损益表或收益表。

利润表的主要功能是提供有关企业经营成果的信息。通过利润表，能够展示企业在一定会计期间内的收入实现情况，包括主营业务收入、其他业务收入、投资收益及营业外收入等；同时也能反映该期间内各类费用的支出情况，如主营业务成本、主营业务税金、营业费用、管理费用、财务费用以及营业外支出等。此外，利润表还能够展示企业生产经营活动的成果，即净利润的实现情况，从而评估企业的资本保值和增值情况。结合资产负债表中的信息，利润表还可以提供财务分析的基本资料，例如，将赊销收入净额与应收账款平均余额进行比较以计算应收账款周转率；将销货成本与存货平均余额进行比较以计算存货周转率；将净利润与资产总额进行比较以计算资产收益率等。这些数据能够反映企业的资金周转情况以及盈利能力和水平，便于财务报表使用者判断企业未来的发展趋势，并作出经济决策。

利润表详细列示了企业在某一会计期间内因销售商品、提供劳务、对外投资等所取得的各种收入以及与之相关的费用和损失，并通过对比得出当期的净利润。会计上将这一对比收入与相关费用、损失并结出净利润的过程称为配比。配比的目的是衡量企业在特定时期或特定业务中取得的成果及为取得这些成果所付出的成本，从而为经营效益和效果的考核提供数据。例如，通过分别列示主营业务收入和主营业务成本、主营业务税金及附加并进行对比，能够得出主营业务利润，从而掌握企业主营业务活动的成果。配比原则是会计中的一项重要原则，在利润表中得到了充分体现。

通常，利润表主要反映以下几方面的内容：

(1)构成主营业务利润的各项要素：从主营业务收入出发，减去为取得主营业务收入而发生的相关费用及税金后得出主营业务利润。

(2)构成营业利润的各项要素：在主营业务利润的基础上，加上其他业务利润，减去营业费用、管理费用及财务费用后得出营业利润。

(3)构成利润总额(或亏损总额)的各项要素：在营业利润的基础上，加(减)投资收益(损失)、补贴收入及营业外收支后得出利润总额(或亏损总额)。

(4)构成净利润(或净亏损)的各项要素：在利润总额(或亏损总额)的基础上，减去本期计入损益的所得税费用后得出净利润(或净亏损)。

在利润表中，企业通常将各项收入、费用及构成利润的各个项目分类列示，即按重要性列示收入，主要包括主营业务收入、其他业务收入、投资收益、补贴收入及营业外收入；按性质列示费用，主要包括主营业务成本、主营业务税金及附加、营业费用、管理费用、财务费用、其他业务支出、营业外支出及所得税等；按利润的构成分类列示利润，主要包括营业利润、利润总额和净利润等。

利润表一般由表首和正表两部分组成。表首部分说明报表名称、编制单位、编制日期、报表编号、货币名称及计量单位等；正表是利润表的主体，反映形成经营成果的各个项目及计算过程，因此也被称为损益计算书。利润表的格式通常有两种：单步式利润表和多步式利润表。单步式利润表将当期所有收入列在一起，然后将所有费用列在一起，二者相减得出当期净损益。多步式利润表则通过对当期收入、费用及支出项目按性质归类，按利润形成的主要环节列示一些中间性利润指标，如主营业务利润、营业利润、利润总额及净利润，分步计算当期净损益。在我国，利润表采用多步式，每个项目通常分为"本月数"和"本年累计数"两栏。"本月数"栏反映各项目的本月实际发生数。在编报中期财务会计报告时，填列上年同期累计实际发生数；在编报年度财务会计报告时，填列上年全年累计实际发生数。如果上年度利润表与本年度利润表的项目名称和内容不一致，则按编报当年的口径对上年度利润表项目的名称和数字进行调整，填入本表"上年数"栏。在编报中期和年度财务会计报告时，将"本月数"栏改为"上年数"栏。本表"本年累计数"栏反映各项目自年初起至报告期末的累计实际发生数。

利润表如表10-3所示。

表 10-3　利润表

| 项目 | 本月数 | 本年累计数 | |
|---|---|---|---|
| 一、主营业务收入 | | | |
| 减：主营业务成本 | | | |
| 　主营业务税金及附加 | | | |
| 二、主营业务利润(亏损以"-"号填列) | | | |
| 加：其他业务利润(亏损以"-"号填列) | | | |
| 减：营业费用 | | | |
| 　管理费用 | | | |
| 　财务费用 | | | |

| 项目 | 本月数 | 本年累计数 | |
|---|---|---|---|
| 三、营业利润(亏损以"-"号填列) | | | |
| 加：投资收益(损失以"-"号填列) | | | |
| 补贴收入 | | | |
| 营业外收入 | | | |
| 减：营业外支出 | | | |
| 四、利润总额(亏损以"-"号填列) | | | |
| 减：所得税 | | | |
| 五、净利润(亏损以"-"号填列) | | | |

补充资料如表10-4所示。

表10-4　补充资料

| 非常项目 |
|---|
| 1. 出售、处置部门或被投资单位所得收益 |
| 2. 自然灾害发生的损失 |
| 3. 会计政策变更增加(或减少)利润总额 |
| 4. 会计估计变更增加(或减少)利润总额 |
| 5. 债务重组损失 |
| 6. 其他 |

利润分配报表，作为展现企业在特定会计周期内实现净利润、以往年度未分配利润之分配或亏损补偿情况的财务文件，是年度财务报表体系中的一部分，具体为利润表之辅助表格。

该报表结构通常包括表头与主体内容两部分。表头部分概述报表标识、编制实体、日期、编号、货币种类及计量尺度等信息；主体内容则详细阐述利润分配的各项条目，各条目进一步细分为"本年度实际"与"上年度实际"两列，以便分别记录。

在中国会计实践中，"本年度实际"列依据当年"本年利润"及"利润分配"账户及其明细账目的分析数据填列；"上年度实际"列则依据前一年度的利润分配报表数据填列。若前后年度报表项目名称或内容存在差异，则需按照报告年度的标准调整前一年度报表项目名称及数值，并填入本报表的"上年度实际"列。利润分配表如表10-5所示。

表10-5　利润分配表

| 项目 | | |
|---|---|---|
| 一、净利润 | | |
| 加：年初未分配利润 | | |
| 其他转入 | | |
| 二、可供分配的利润 | | |

| 项目 | | | |
|---|---|---|---|
| 减：提取法定盈余公积 | | | |
| 　　提取法定公益金 | | | |
| 　　提取职工奖励及福利基金 | | | |
| 　　提取储备基金 | | | |
| 　　提取企业发展基金 | | | |
| 　　利润归还投资 | | | |
| 　　补充流动资本 | | | |
| 三、可供投资者分配的利润 | | | |
| 减：应付优先股股利 | | | |
| 　　提取任意盈余公积 | | | |
| 　　应付普通股股利 | | | |
| 　　转作资本(或股本)的普通股股利 | | | |
| 四、未分配利润 | | | |
| | | | |

编制说明：

(1)"净利润"条目，体现企业实现的净收益状况，净亏损则以负号标记，其数值应与利润表中的"本年累计净利润"一致，新制度与股份制度在此项内容上保持一致。

(2)"年初未分配利润"条目，显示企业年初尚未分配的利润额，若为未弥补亏损，则使用负号表示，新制度与股份制度在此项表述一致。

(3)"其他转入"条目，记录企业按规定从盈余公积等转入的金额，股份制度称为"盈余公积转入"，但两者实质内容相同。

(4)"提取法定盈余公积"与"提取法定公益金"条目，分别反映企业按规定提取的法定盈余公积和公益金，新制度与股份制度在此项表述一致。

(5)"提取职工奖励及福利基金"条目，专指外商投资企业按规定提取的职工奖励及福利基金，股份制度无此规定。

(6)"提取储备基金"与"提取企业发展基金"条目，分别体现外商投资企业按规定提取的储备基金和企业发展基金，为新制度新增内容。

(7)"利润归还投资"条目，特指中外合作经营企业在合作期间按规定以利润归还投资者的投资，为新规定内容。

(8)"应付优先股股利"条目，反映企业应支付给优先股股东的现金分红。

(9)"提取任意盈余公积"条目，记录企业提取的任意盈余公积。

(10)"应付普通股股利"条目，体现企业应分配给普通股股东的现金分红，同时根据新制度，企业分配给投资者的利润也在此项反映。

（11）"转作资本（股本）的普通股股利"条目，反映企业以股票形式分配给普通股股东的股利，以及以利润转增的资本，均在此项反映，为新制度规定。

（12）"未分配利润"条目，显示企业年末尚未分配的利润额，若为未弥补亏损，则以负号标记。对于因收购本企业股票减少注册资本而减少的未分配利润，可在"年初未分配利润"下增设"减：减资所致未分配利润减少"条目反映；国有工业企业按规定补充的流动资本，可在"利润归还投资"下增设"补充流动资本"条目反映，其他按规定用途的利润使用，可在"补充流动资本"下单独列示。

**任务：各模拟公司编制公司的资产负债表**

## Step3：现金流量表的编制

现金流量表是基于现金编制的财务状况变动报告，旨在通过现金流入与流出揭示企业在特定期间内经营活动、投资活动及筹资活动的动态情形，全面反映企业的现金流动状况及其获取现金及现金等价物的能力。编制此表需依据经营活动、投资活动及筹资活动产生的现金流量进行计算，具体编制方法如下：

### 1. 经营活动现金流量编制

直接法：直接汇总企业经营活动产生的现金收入与支出，通过调整企业会计记录中的营业收入、营业成本等数据，并考虑存货变动、非现金项目（如折旧、摊销）及投资或筹资活动相关现金影响，得出经营现金流量。

间接法：以净利润为基础，通过调整非现金交易、递延项目及对净收益的影响，反映经营活动形成的现金流量。

经营活动现金流量的关键范畴包括销售商品、提供服务所得现金，租金收入，增值税销项税额及退税，其他税费返还，与经营活动相关的其他现金流入，以及购买商品、接受服务支付的现金，租赁支付，职工薪酬支付，税费支付，以及与经营活动相关的其他现金流出。

### 2. 投资活动现金流量编制

投资活动涵盖短期与长期投资的购买与处置，固定资产、无形资产的构建与处置等。关键范畴包括收回投资所得现金，股利与利润所得现金，债券利息收入，以及处置长期资产所得的现金净额。

### 3. 筹资活动现金流量编制

筹资活动反映企业资本结构的变动，包括权益性投资、债券发行、借款及其他筹资活动产生的现金流入与流出。关键范畴包括吸收权益性投资所得现金，发行债券所得现金，借款所得现金，与筹资活动相关的其他现金流入，偿还债务支付的现金，筹资费用支付的现金，以及分配股利或利润支付的现金。

国际会计准则倾向于使用直接法编制现金流量表，我国亦采用此法，因其能更有效地评价企业未来现金流量潜力。

**操作范例**

### 企业财务数据分析案例

某公司近两年的有关财务数据指标如表 10-6 和表 10-7 所示。

表 10-6　某公司近两年的有关财务数据指标 1

| 项目 | 上年 | 本年 | 增减数 |
|---|---|---|---|
| 税前利润率 | 9.4%<br>(892/9 482×100%) | 8.5%<br>(961/11 365×100%) | −0.9%<br>(8.5%−9.4%) |
| 运用资本报酬率 | 8.3%<br>(914/11 033×100%) | 7.5%<br>(1 042/13 943×100%) | −0.8%<br>(7.5%−8.3%) |
| 流动比率 | 3.1 倍(5 053/1 635) | 1.5 倍(7 700/5 174) | −1.6 倍(1.5−3.1) |
| 财务杠杆比率 | 1.02(914/892) | 1.08(1 042/961) | 0.06(1.08−1.02) |
| 债务人天数 | 96.4 天<br>(2 540×360/9 482) | 135.6 天<br>(4 280×360/11 365) | 39.2 天<br>(135.6−96.4) |
| 净资产周转率 | 0.97 倍<br>(9 482/9 813×100%) | 1.11 倍<br>(11 365/10 269×100%) | 0.14 倍(1.11−0.97) |
| 存货期 | 100.2 天<br>[2 386×360/(9 482−914)] | 119.2 天<br>[3 420×360/(11 365−1 042)] | 19 天<br>(119.2−100.2) |

表 10-7　某公司近两年的有财务数据指标 2

| 项目 | 上年 | 本年 | 增减数额 | 增减幅度 |
|---|---|---|---|---|
| 营业额 | 9 482 | 11 365 | 1 883(11 365−9 482) | 19.8%<br>(1 883/9 482×100%) |
| 税前利润 | 892 | 961 | 69(961−892) | 7.7%<br>(69/892×100%) |
| 速动比率 | 1.63<br>[(5 053−2 386)/1 635] | 0.83<br>[(7 700−3 420)/5 174] | −0.8(0.83−1.63) | −49%<br>(0.8/1.63×100%) |
| 存货 | 2 386 | 3 420 | 1 034(3 420−2 386) | 43%<br>(1 034/2 386×100%) |
| 应收账款 | 2 540 | 4 280 | 1 740(4 280−2 540) | 69%<br>(1 740/2 540×100%) |
| 银行透支 | 0 | 2 424 | 2 424(2 424−0) | |
| 应付账款 | 1 157 | 2 245 | 1 088(2 245−1 157) | 94%<br>(1 088/1 157×100%) |
| 长期借款 | 1 220 | 3 674 | 2 454(3 674−1 220) | 201%<br>(2 454/1 220×100%) |
| 净资产 | 9 813 | 10 269 | 456(10 269−9 813) | 4.6%<br>(456/9 813×100%) |

根据上述数据，可对该公司的经营状况作如下分析：

相较于上一年度，本年度税前利润实现了 7.7% 的增长，然而，作为盈利能力指标之一的资本回报率却略有下滑，这一现象可归因于税前利润率的缩减。尽管本年度营业额相较于去年增长了 19.8%，即增加了 1 883 元，但税前利润率却下降了 0.9 个百分点，这可能与公司新签订的五年期合约有关。营业额的增长促使公司净资产较去年增长了 4.6%，不过，由于营业额的增长速度超过了净资产的增长速度，进而提升了公司的净资产周转率。值得注意的是，净资产的增长主要源自长期借款的增加，本年度长期借款相较于去年增长了 201%，尽管如此，公司的财务杠杆比率仍保持在合理范围内。

在本会计年度，公司的偿债能力显著下降，具体表现为流动比率从去年的 3.1 倍降低至 1.5 倍，降幅达到 51.6%；同样，速动比率也从去年的 1.63 倍下降至 0.83 倍，降幅为 49%。这可能是由于流动负债（如银行透支和应付账款）的增长速度快于流动资产（如应收账款）的增长速度所致。此类变化应引起公司及利益相关者的高度重视。

合约带来的营业额增长伴随着未结算应收账款比例的显著增加，同时也导致了存货比例的上升，存货周转天数从上年的 100.2 天延长至本年的 119.2 天。为改善这一状况，公司需寻求更多长期资金来源，以确保拥有足够的资金支持销售水平的进一步提升。

# 任务 2　企业业绩总结与分析

## 情境导入

"模拟公司"对运营结果进行总结，从而了解运营过程中的优缺点，去粗取精，不断地提高自身能力。

## 任务描述

模拟公司进行企业业绩总结与分析。

## 任务分析

扮演团队财务总监的实训人员，将企业近期运营的各种财务报表向团队队员通报，然后由小组各个成员根据报表的具体情况、自己角色的扮演，从角色的角度对企业的经营业绩进行客观的评价，找出不足，加深对模拟公司运作的印象。

## 任务实施

### Step1：经营业绩的总结

所谓经营业绩，是指你在你的工作岗位上所取得的成果或成绩，这有点类似价值规律。"模拟公司"经营业绩的总结包括对模拟公司的业绩总结和对个人业绩的总结。

### Step2：经营业绩的分析

经营业绩的分析是在经营业绩总结的基础上作出的判断，吸收企业运作过程中好的方法，去掉运作中不当的方法，从而对企业未来的发展有一个主观上的判断，作出相应的决策。

案例：

#### 李宁的轻资产运营模式案例

与全球运动品牌巨头阿迪达斯类似，李宁公司采纳了一种被业界称为"轻资产运营模式"的策略：将生产制造环节转移至成本更低、生产效率更高的海外合作伙伴，同时，通过广泛的经销商网络覆盖国内外市场，自身则专注于产品设计与市场策略的制定。

当国内体育用品行业对于OEM（贴牌生产）模式是否利大于弊仍存争议之时，李宁品牌的创始人李宁已率先踏上了"轻资产运营"的征途。

20世纪90年代初，李宁凭借其在体育界的声望与对市场的敏锐洞察，创立了李宁公司。面对市场上同类产品贴上知名品牌标签后价格飙升的现象，李宁深刻意识到自主品牌建设的重要性，由此开启了李宁品牌长达二十余年的"轻资产运营"之路。

（1）体育用品界的"阿迪达斯"。

李宁乐于分享李宁公司"以虚驭实（OEM代工）、网络织梦（经销商网络）"的成功故事。"李宁品牌是通过轻资产运营模式逐步成长起来的。"李宁在接受《体育时报》采访时表示："我们选择将生产外包给专业厂家，利用经销商网络拓展市场，而将主要精力集中在设计创新、品牌建设等价值链的高端环节。"

"轻资产运营模式的核心在于，企业在资源有限的情况下，通过组织结构的优化，仅保留最关键的功能，如研发设计、品牌管理等，而将其他功能外部化，以实现资源的最优配置，进而构建企业的竞争优势。"北京大学光华管理学院教授张明远解析道。

目前，与李宁公司合作的制造厂家已超过200家，年生产能力逾千万件，其在国内外的专卖店数量也已突破2 000家，其中绝大多数为经销商开设的连锁店。"若全部自营，至少需要数十亿元的投资。"李宁估算道。

张明远指出，轻资产运营的关键在于把握企业的核心功能，将资源聚焦于高附加值的业务领域。

"通过轻资产运营节省的资金，我们大量投资于产品设计、市场策略、品牌升级等核心业务，实现了快速发展，为企业的长远发展奠定了坚实基础。这也是李宁品牌的核心竞争力所在。"李宁介绍道。

在产品设计上，李宁公司组建了一支国际化的设计团队，通过与欧美知名设计机构的深度合作，每年推出数千款新品，紧跟市场潮流。

"在OEM合作伙伴的选择上，企业必须谨慎，低质低价的生产商不仅会损害产品质量，还可能引发售后问题，影响品牌形象，得不偿失。此外，经销商的规范运营同样重要。"品牌营销专家赵雷强调。

李宁公司已整合了全球范围内的200多家优质生产厂家进行定制生产，通过严格的生产管理，避免了OEM厂家因缺乏研发投入和市场营销能力而带来的风险。

李宁品牌在创立初期并未形成明确的品牌定位。通过与经销商的紧密合作，李宁提出了"一切皆有可能"的品牌口号，传递出积极向上、勇于挑战的品牌精神，并制定了全面的品牌策略，从品牌定位、品牌个性、品牌形象到品牌价值，不断深化品牌内涵。

凭借轻资产运营和自主品牌推广，李宁公司自1990年成立以来，已开设专卖店2 000余家，2008年零售额突破50亿元大关，成为中国体育用品行业的领军企业。在国内体育用品市场竞争激烈的背景下，李宁找到了轻资产运营的蓝海战略。

（2）李宁品牌需持续营销创新。

尽管李宁品牌凭借轻资产运营和央视广告加明星代言的营销策略取得了显著成绩，但这种单一的品牌传播模式并非万能。

当前，中国体育用品市场竞争异常激烈，众多品牌和企业竞相角逐。然而，这种繁荣背后隐藏着低成本劳动力和微薄利润的困境，品牌价值和核心竞争力难以凸显。在中国广东、浙江、福建等地，已形成了以 OEM 为核心的体育用品产业集群。

李宁品牌的成功，让人们认识到，在品牌时代，需要更具创新性的轻资产运营模式。

阿迪达斯作为运动品牌的佼佼者，其成功之处在于，尽管不直接生产运动鞋，但通过 OEM 模式将生产外包至发展中国家，同时，通过精准的市场定位和创新的营销策略，不断提升品牌价值。阿迪达斯在 20 世纪 70 年代末便展现出其市场布局的远见卓识，令人赞叹。

然而，与国外成功品牌相比，中国企业在品牌打造上仍存在较大差距。阿迪达斯等品牌能让消费者产生强烈的品牌认同感，而国内品牌达到这一层次的尚属少数。作为一种商业模式，OEM 只是工具，真正的差距在于品牌建设的内功，只有不断加强核心竞争力和品牌价值，才能使品牌永葆青春。

在轻资产运营模式下，企业不仅要强化产品层面的质量控制，更应注重品牌层面的研发设计、品牌传播及销售渠道的优化。李宁或许正是意识到了这一点，作出了令业界瞩目的决策。

然而，要成为真正具有市场影响力的品牌，仅仅在研发设计和销售渠道上发力是远远不够的。正如阿迪达斯和耐克通过创新的广告策略和体育赛事赞助不断塑造品牌魅力一样，李宁品牌也面临着营销传播立体化和创新化的长期挑战。目前，李宁品牌在这方面的尝试仍较为传统。

最终，通过严格的成品检验，李宁确保了每一件产品的卓越品质，为品牌赢得了良好的口碑。

# 任务 3  岗位总结

## 情境导入

员工在模拟公司中所担任的角色，所操作的岗位进行互相的评论，找其优点与不足，使成员加深了解各个岗位的运作，加深对模拟公司创建、运营等各个环节的印象，从而了解企业的运作。

## 任务描述

模拟公司成员完成岗位总结，编制岗位实训实习报告。

## 任务分析

指导教师的指导下，由模拟公司负责人对其所在公司的成员进行组织，根据模拟公司经营情况，运作时出现的各种问题，每个成员在模拟公司中所担任的角色，所操作的岗位进行互相的评论，找其优点与不足，让成员了解实训的意义，使成员加深了解各个岗位的运作，加深对模拟公司创建、运营等各个环节的印象，从而了解企业的运作。

## 任务实施

### Step1：岗位总结方法

在进行岗位总结时，首要任务是明确其撰写框架与核心要素。岗位总结的构成通常涵盖标题、正文及署名三个基本要素。标题的拟定需综合考量单位名称、时间跨度以及文体类型。正文起始段宜简要介绍总结对象的背景信息，包括时间节点、地理位置及基础状况等，既可概述所取得的成效及其成因，亦可提纲挈领地指出总结要点，为后续分条缕析的阐述奠定基础。

正文主体部分的组织形态主要有两种。其一为纵向结构，即依次介绍基本情况、阐述指导思想、详述具体成果、归纳成功经验、揭示存在问题及规划未来发展方向，此模式为总结撰写中的常规选择。其二为横向结构，该结构将成绩、经验、教训、问题、对策等元素整合，依据内容的差异性划分为若干子议题进行分别论述，最终于文末进行综合归纳与总结。

### Step2：岗位总结报告的撰写方法

岗位总结报告是对已完成工作任务的一种理性反思与分析。其核心在于回顾过往的工作内容、执行方式及成效评估。总结与计划相互依存，计划的制订往往建立在过往经验的总结之上，遵循着"计划—实践—总结—再计划—再实践—再总结"的循环规律。

#### 1. 总结的特性

岗位总结报告展现出以下显著特性：

（1）反思性：要求个体或团队对已完成的工作进行深入反思，通过这一过程提升认知，积累经验，为后续工作奠定思想基石。

（2）科学性：总结不应仅仅停留于表面现象的描述，而应运用辩证思维进行科学分析，力求得出具有指导意义的结论，推动工作的持续优化。

（3）叙议结合：总结报告在叙述事实、说明情况的同时，还需融入议论成分，通过典型案例分析，明确作者观点，使经验教训条理清晰、理论深化，避免内容空洞或材料堆砌。

#### 2. 工作总结的分类

依据不同标准，工作总结可分为：

（1）时间维度：如年度总结、半年度总结、季度总结，以及针对特定重大项目实施的分期（阶段）总结。

（2）范围维度：涵盖单位总结、个人总结、综合性总结及专题总结等。

（3）性质维度：包括工作、生产、教学、科研等领域的总结。

#### 3. 总结撰写前的筹备工作

高质量的总结报告建立在扎实的工作基础之上，同时需秉持正确的立场与观点。正如某些经验之谈所言，良好的总结不仅是对工作的客观反映，更是实际成果的体现。应避免夸大其词或忽视问题，确保总结的真实性与有效性。总结的撰写应遵循以下原则：

群众参与：总结应自下而上进行，充分发动群众参与，确保总结内容全面、真实。

量化分析：在总结过程中，应尽可能量化指标，结合定性分析，从客观事实出发，避免主观臆断。

调查研究：通过深入调研，全面了解工作情况及过程，确保总结的全面性和准确性。

业务熟悉：热爱本职工作，熟悉业务是撰写高质量总结的前提，有助于提升总结的深度与广度。

实事求是：总结应坚持实事求是的原则，客观评价成绩与不足，为未来发展提供有益借鉴。

经验提炼：总结的最终目标是提炼经验、找出规律，为今后的工作提供指导和参考。

综上所述，撰写岗位总结报告需综合考虑多个方面，确保内容的科学性、全面性和实用性，以推动工作的持续改进和发展。

# 项目实训

## 【实训内容】

模拟公司成员根据在公司中所承担的岗位及岗位职责完成情况，编制《岗位实训实习报告》。

## 【上交实训任务】

岗位实训实习报告

## 【实训要求】

(1)各模拟成员根据自己的岗位情况完成任务。

(2)时间：6学时(其中，3学时完成理论学习，3学时完成岗位实训实习报告)。

(3)文字资料设计合理，内容全面，表述清楚。

## 【评价标准】

(1)文字材料50%+实训态度10%+模拟公司协作效果20%+成果汇报效果20%，评价标准如表10-8所示。

表10-8 评价标准

| 项目 | 比例 | 评分标准 |
|---|---|---|
| 文字材料 | 50% | 结构完整、内容表述清楚、条理清晰、排版规范 |
| 实训态度 | 10% | 工作主动、积极参与并完成任务 |
| 模拟公司协作效果 | 20% | 团队分工明确、合作能力强 |
| 成果汇报效果 | 20% | 岗位实训实习报告完整条理 |

(2)教师评价60%+小组互评20%+自评20%。

# 参 考 文 献

[1]任文举，邵文霞，夏玉林. 市场营销学实训教程[M]. 成都：西南财经大学出版社，2015.

[2]张佳，李乐峰，张静. 创办公司与"模拟公司"互动化实习[M]. 北京：清华大学出版社，2009.

[3]于丹，高俊云，白国玉，等. 国际市场营销[M]. 北京：人民邮电出版社，2014.

[4]柴一兵. 营销经理必知的100堂管理课[M]. 北京：北京工业大学出版社，2015.

[5]宋宇翔，向诚. 创业博弈实训[M]. 北京：中国传媒大学出版社，2015.

[6]赵慧敏，李晖. 消费心理学[M]. 天津：天津大学出版社，2013.

[7]田莉. 市场营销特色专业建设研究[M]. 合肥：中国科学技术大学出版社，2018.

[8]周丽，周鑫华，周菁. 市场营销综合实训手册[M]. 哈尔滨：哈尔滨工程大学出版社，2015.

[9]杨振荣. 实战农业电子商务[M]. 北京：清华大学出版社，2017.

[10]陈子清. 市场营销理论与实务[M]. 上海：上海财经大学出版社，2018.

[11]胡逾，张珺，宣学君. 品牌文化与市场营销[M]. 北京：光明日报出版社，2016.

[12]陈荣群，田英. 企业经营与管理[M]. 西安：西北大学出版社，2014.

[13]易家言. 网络营销之企业增收策略[M]. 北京：中国财政经济出版社，2014.

[14]汪华林. 商务谈判"双赢"成因浅析[J]. 经济问题探索，2006(7)：145-148.

[15]肖志雄. 孙凤凤市场营销学[M]. 北京：机械工业出版社，2015.

[16]陈碧琼. 消费者行为学[M]. 重庆：重庆大学出版社，2010.

[17]李景元. 从大学生到优秀生产主管[M]. 北京：企业管理出版社，2000.

[18]苗长川，杨爱花. 现代企业经营管理(修订版)[M]. 北京：清华大学出版社，2008.

[19]世界500强企业管理标准研究中心. 生产作业管理标准[M]. 北京：东方出版社，2004.

[20]苗长川，杨爱花. 现代企业管理[M]. 北京：北京交通大学出版社，2007.

[21]王妙. 刘艳玲市场营销学教程[M]. 上海：复旦大学出版社，2005.

[22]李青. 导购秒杀门店推销员技能提升手册[M]. 北京：企业管理出版社，2011.

[23]邱雪峰. 市场营销理论与实践[M]. 北京：北京理工大学出版社，2021.

[24]严振. 药品市场营销技术[M]. 北京：化学工业出版社，2009.

[25]黄海贵，张祖龙. 市场营销[M]. 广州：华南理工大学出版社，2010.

[26]张蓓荔. 音乐商务项目策划教程[M]. 上海：上海音乐出版社，2012.

[27]王素梅，张兴福，王跃国. 企业管理概论[M]. 北京：机械工业出版社，2007.

[28]魏丽玲. 营销员实务[M]. 长春：东北师范大学出版社，2015.

[29]黄琍. 体验营销：改变经营策略[J]. 企业研究，2017(2)：50-52.

[30]刘勇. 中国联通营销策略研究[D]. 南京：南京理工大学，2008.

[31]李恒兴，李君. 企业经营战略[M]. 上海：上海交通大学出版社，2017.

[32]陈强. 会计学[M]. 北京：科学出版社，2003.

[33]谭俊华. 营销策划(第2版)[M]. 北京：清华大学出版社，2017.

[34]崔正，魏中龙，王勇. 零售业服务创新探索研究[M]. 北京：经济科学出版社，2015.

[35]谭俊华. 营销策划(第2版)[M]. 北京：清华大学出版社，2017.

[36]崔正，魏中龙，王勇. 零售业服务创新探索研究[M]. 北京：经济科学出版社，2015.

[37]陈英，谭旭红. 会计报表编制与分析. 徐州：中国矿业大学出版社，2005.

[38]陈强. 会计学[M]. 北京：清华大学出版社，2004.

[39]刘茂才，庞博夫. 创富新思维消费商时代[M]. 北京：中国经济出版社，2012.

[40]祝文欣. 卖场顾问式销售[M]. 北京：中国发展出版社，2008.

[41]郑红. 大数据背景下北京旅游电商营销模式创新研究[M]. 北京：旅游教育出版社，2017.

[42]彭碧玉. 中小企业战略管理[M]. 北京：科学出版社，2011.

[43]傅北. 体验式营销及其在商业卖场中的应用探讨[D]. 北京：清华大学，2004.

[44]王倩. 市场营销学教程[M]. 北京：电子工业出版社，2013.

[45]肖丰镇. 顶级销售员心理操控术经典珍藏本[M]. 北京：中国商业出版社，2010.

[46]吴爽. 电子商务理论与实务[M]. 北京：清华大学出版社，2010.

[47]沈姝媛. 浅议商务谈判中的语言技巧[J]. 北京：中国商贸，2010(22)：235-236.

[48]崔平. 现代生产管理[M]. 北京：机械工业出版社，2003.

[49]孙朦. 营销主管管理十日通[M]. 北京：北京工业大学出版社，2012.

[50]于静等. 工业造型设计[M]. 北京：电子工业出版社，2013.

[51]刘文斌. 市场调查与预测[M]. 北京：电子工业出版社，2010.

[52]张贯一，胡常春. 现代市场营销(第2版)[M]. 武汉：华中师范大学出版社，2012.

[53]周梅华. 市场营销学教程第4版[M]. 徐州：中国矿业大学出版社，2009.

[54]董宣，张同钦. 商务秘书理论与实务(第2版)[M]. 北京：中国水利水电出版社，2010.

[55]陈淑祥，张驰，冉梨. 现代经纪人理论与实务教程[M]. 成都：西南财经大学出版社，2017.

[56]徐琴. 营销心理学[M]. 合肥：中国科学技术大学出版社，2012.

[57]杜克管理顾问公司. 公司内部管理方法：成就宝洁、丰田等卓越公司的89个管理工具[M]. 北京：经济科学出版社，2005.

[58]祝永志. 家用纺织品生产管理与成本核算[M]. 北京：中国纺织出版社，2009.

[59]李爽. 商务谈判[M]. 北京：人民邮电出版社，2017.

[60]吕丽，李璐，杨春丽. 说话的艺术[M]. 哈尔滨：东北林业大学出版社，2016.

[61]陈炳辉，肖光红. 现代企业财务会计[M]. 广州：华南理工大学出版社，2002.

[62]会计准则与会计制度研究组.《企业会计制度》操作指[M]. 沈阳：东北财经大学出版社，2001.

[63]阳林峰. 互助营销移动互联时代的商业革[M]. 北京：中国商务出版社，2014.

[64]单德佩. 新编会计实务[M]. 济南：黄河出版社，2002.

[65]王晓波. 非财务人员财务知识读本[M]. 武汉：湖北教育，2005.